Die Seele will frei sein

DAS TAGEBUCH

MICHAEL A. SINGER

Die Seele will frei sein

DAS TAGEBUCH

ÜBUNGEN UND ANLEITUNGEN FÜR EINE EXPEDITION JENSEITS DES SELBST

AUS DEM AMERIKANISCHEN
VON KRISTOF HAHN

ALLEGRIA

Die Originalausgabe erschien 2020 im Verlag New Harbinger Publications, Inc.

Allegria ist ein Verlag der Ullstein Buchverlage GmbH

ISBN: 978-3-7934-2434-5

2. Auflage 2025

Translated from the English language:

THE UNTETHERED SOUL GUIDED JOURNAL: PRACTICES TO JOURNEY BEYOND YOURSELF

First published by: New Harbinger Publications, Inc.

Bei Fragen zur Produktsicherheit wenden Sie sich bitte an produktsicherheit@ullstein.de

Lektorat: Miriam Gries

Umschlaggestaltung: zero-media.net, München

nach einer Vorlage von Amy Shoup und Sara Christian

Innenillustrationen von creativemarket.com

Gesetzt aus der Gotham, Gapstown und Duper

Satz: Red Cape Production

nach einer Vorlage von Amy Shoup

Druck und Bindung: Livonia Print, Riga

INHALT

EINLEITUNG

LASSEN SIE SICH AUF EINE REISE ZU IHREM INNERSTEN SELBST FÜHREN

»Um wirklich zu wachsen, gibt es nichts Wichtigeres, als zu erkennen, dass Sie nicht die Stimme in Ihrem Kopf sind – sondern die Person (derjenige), die sie hört.«

– MICHAEL A. SINGER

Als ich mich daransetzte, das Buch *Die Seele will frei sein* zu schreiben, hatte ich ein einfaches Anliegen: Ich wollte einen Pfad zu vollständiger innerer Freiheit aufzeigen, der jedem offenstehen sollte. Spirituelles Wachstum sollte einfach, klar und intuitiv offensichtlich sein. Freiheit ist die natürlichste Sache der Welt – sie ist tatsächlich unser Geburtsrecht. Das Problem liegt darin, dass wir diese einfache Wahrheit mit unserem Geist, unseren Emotionen und Vorlieben vernebeln. *Die Seele will frei sein* nimmt uns mit auf eine Reise, auf der wir unmittelbar die angeborenen Wahrheiten erfahren, die in uns liegen. Wir entdecken, wer wir sind, indem wir loslassen, was wir nicht sind. Diese Reise tief in unser Inneres ist nicht für Mystiker oder Gelehrte gedacht; es ist eine Reise zurück zum Sitz des Selbst, und jeder kann sie unternehmen.

Und nun freuen wir uns, als Ergänzung zu unserem Buch *Die Seele will frei sein* diesen wunderbaren Wegweiser mit täglichen Anregungen/Übungen für als ideales Vehikel für Ihre innere Reise zu präsentieren. Unser Ziel ist es, Sie zu einem tieferen Verständnis über die Beziehungen zwischen Ihnen selbst und Ihrem Verstand, Ihren Emotionen und Ihren inneren Energien. Sie werden erkunden, wie man das lärmende Gehirn loslässt und sich von schweren, jahrelang vergrabenen Erfahrungen aus der Vergangenheit. Und indem Sie dies tun, können Sie die Freiheit und das Glücksgefühl Ihres wahren, innersten Wesenskerns, des Selbst, erlangen, das Zeuge all dessen wird.

Jeder Tagebucheintrag enthält eine der zentralen Passagen aus dem Buch *Die Seele will frei sein*. Die Anweisungen im Anschluss daran sollen Sie dazu ermutigen, diese Kernsätze zu Ihren persönlichen Erfahrungen in Beziehung zu setzen und auf sie anzuwenden, um Ihr Verständnis zu vertiefen und sie zu einem Teil Ihres Alltagslebens zu machen. Manche dieser Anleitungen führen zu weitergehender Introspektion und Kontemplation, anderen regen zur praktischen Anwendung an. Da das explizite Ausformulieren der eigenen Beziehung zu einer Lehre dazu beiträgt, deren Verständnis zu vertiefen, wurde genügend Platz gelassen für Ihre persönlichen Erfahrungen und Gedanken, um Sie damit über die Kraft der Worte hinaus zur Kraft der unmittelbaren Erfahrung zu leiten.

Sie stehen am Beginn einer Reise, die über Ihr eigenes Selbst hinaus zu innerer Freiheit, Glück und Selbstverwirklichung führen wird. Während Sie lesen, reflektieren und schreiben, füllen sich diese Seiten mit der Geschichte Ihres persönlichen Erwachens. Möglich, dass Sie jenseits dieses Buches ein separates Tagebuch führen möchten. Oder dass einige Passagen Sie mehr zum Nachdenken als zum Schreiben anregen. All das ist wunderbar. Wie auch immer Sie vorgehen, machen Sie dieses Tagebuch zu Ihrer eigenen Schöpfung. Am Ende der Reise können Sie immer wieder zu den Anweisungen zurückkehren, die Sie am meisten bewegt haben und Ihr Verständnis im Lauf der Zeit weiter vertiefen.

Und nun legen wir los.

Lernen Sie den kennen,

der die Stimme vernimmt,

und Sie werden eines der größten

Mysterien der Schöpfung erfahren.

TEIL 1

ERWACHENDES BEWUSSTSEIN

FALLS SIE ES noch nicht bemerkt haben sollten: In Ihrem Kopf spult sich fortwährend ein innerer Dialog mit Ihren Gedanken ab, der nie zum Stillstand kommt. Er läuft immer und immer weiter. Haben Sie sich je gefragt, warum sie da drin sprechen? Wie sie entscheiden, was zu sagen ist und wann? Wie viel davon sich als wahr erweist? Wie viel davon überhaupt wichtig ist? Und falls Sie in diesem Moment die Worte hören: »Ich weiß nicht, wovon der redet. Ich habe keine Stimme in meinem Kopf!« – dann ist das genau die Stimme, von der wir sprechen.

Beginnen Sie damit, Ihre Gedanken wahrzunehmen. Ihre Gedanken sind nicht Sie – sie sind etwas, dessen Sie sich bewusst sind.

Wenn Sie Ihre Augen schließen und in sich hineinhorchen, welche Gedanken hören Sie dann? Wie ist das, sich darüber bewusst zu sein, dass Ihr Verstand redet?

DIE BESTE METHODE, sich von diesem unaufhörlichen Geplapper freizumachen, ist, einen Schritt zurückzutreten und es objektiv zu betrachten. Sehen Sie die Stimme einfach als einen Verbalisierungsmechanismus, der den Eindruck erwecken kann, da drin würde jemand mit Ihnen sprechen. Denken Sie nicht darüber nach; nehmen Sie es nur zur Kenntnis. Egal, was die Stimme sagt, ob sie nette Sachen sagt oder Gemeinheiten von sich gibt, ob sie weltliche oder spirituelle Sachverhalte erörtert - es spielt keine Rolle. Es ist egal, weil es sich um eine Stimme handelt, die in Ihrem Kopf spricht.

Schließen Sie die Augen und sagen Sie still etwas vor sich hin, von dem Sie wissen, dass es nicht wahr ist – etwa »mein Hund ist blau«. Stellen Sie fest, dass Ihr Verstand nicht das geringste Problem damit hatte, das auszusprechen? Sie sind sich vielleicht nicht darüber im Klaren, aber Ihre innere Stimme sagt häufig Dinge, die nicht wahr sind. Der Verstand kann (und wird) alles Mögliche sagen, und Ihre Verantwortung besteht darin, nicht alles zu glauben, was er den lieben langen Tag von sich gibt.

Schreiben Sie über einen Moment, als die Stimme Ihnen etwas erzählt hat, das sich als nicht wahr herausgestellt hat. Erkennen Sie, dass die Stimme von Ihnen losgelöst ist und einfach irgendwas behaupten kann?

SIE HÖREN DIE STIMME, wenn sie spricht, stimmt's? Bringen Sie sie jetzt dazu, »Hallo« zu sagen. Lassen Sie sie es mehrere Male wiederholen. Und nun rufen Sie es in sich drin! Können Sie sich selbst hören, wie Sie da drin »Hallo« sagen? Natürlich können Sie das. Da ist eine Stimme, die spricht, und da sind Sie, die oder der wahrnimmt, wie die Stimme spricht. Das Problem besteht darin, dass es zwar leichtfällt wahrzunehmen, wie die Stimme »Hallo« sagt, doch schwer zu erkennen ist, dass egal, was die Stimme sagt, es sich nach wie vor um nichts weiter als eine geistige Stimme handelt, die spricht, während Sie zuhören. Es gibt absolut nichts, was diese Stimme sagen kann, das mehr »Sie« wäre als alles andere, was die Stimme sagt.

Wenn Sie einen guten Tag haben, welche Gedanken haben Sie dann in Bezug auf sich selbst? Beschreiben Sie in ein paar Sätzen positive Gedanken, die Sie bezogen auf sich selbst haben.

Wenn Sie einen schlechten Tag haben, welche Gedanken haben Sie dann im Hinblick auf sich selbst? Schreiben Sie auch einige dieser Gedanken auf.

Stellen Sie fest, wie stark Ihre Gedanken über sich je nach Tagesform voneinander abweichen. Aus dieser Perspektive wird es leichter zu erkennen, dass die Stimme nicht deckungsgleich mit Ihnen, sprich: nicht Sie ist.

ES GIBT NICHTS WICHTIGERES auf dem Weg zu wahrem Wachstum als die Erkenntnis, dass Sie nicht identisch mit der Stimme in Ihrem Kopf sind – Sie sind die Person, die diese Stimme hört. Wenn Sie das nicht begreifen, werden Sie versuchen herauszufinden, welches der vielen Dinge, die die Stimme sagt, wirklich Sie sind.

Denken Sie in Ruhe über eine Situation nach, in der Sie Schwierigkeiten hatten, sich für oder gegen etwas zu entscheiden. Stellen Sie dabei fest, dass Sie mit sich selbst darüber gesprochen haben, warum Sie dieses oder jenes tun sollten, und anschließend darüber, warum Sie es besser bleiben lassen sollten? Vielleicht haben Sie sogar ein Streitgespräch mit sich selbst geführt. Es ist, als wären mehrere verschiedene Menschen in Ihrem Inneren, die alle etwas anderes wollen. Aber seien Sie sich dessen zu jeder Zeit bewusst: In Wirklichkeit handelt es sich bei keiner dieser Stimmen um Sie; Sie sind die Person, die diese Stimmen und die Unentschlossenheit wahrnimmt.

Schreiben Sie zunächst auf, wie es ist, die widersprüchlichen Gedanken Ihres Verstandes wahrzunehmen. Dann schreiben Sie auf, welcher Teil Ihrer Persönlichkeit wahrnimmt, dass dieser Konflikt in Ihrem Kopf überhaupt ausgetragen wird.

WENN SIE AUF DISTANZ zu ihr gehen und ihr Sprechen objektiv beobachten, werden Sie feststellen, dass die Stimme dann besonders aktiv wird, wenn sich im Inneren nervöse, ängstliche oder triebhafte Energien aufgebaut haben. Dies können Sie leicht erkennen, wenn Sie böse auf jemanden sind und Lust haben, ihm ordentlich die Meinung zu geigen. Achten Sie mal darauf, wie oft die innere Stimme ihn anschreit, noch ehe Sie sich überhaupt begegnet sind. Wenn sich in Ihnen Energie anstaut, entsteht der Wunsch, etwas damit anzustellen. Die geistige Stimme spricht, weil Sie sich innerlich nicht wohlfühlen, und das Sprechen lässt die überschüssige Energie entweichen.

Betrachten Sie heute einen Dialog, der Ihre geistige Erregung noch verstärkt. Beachten Sie dabei, wie Ihr Geist aktiv wird.

Schreiben Sie auf, wie Ihr Geist reagiert hat – den inneren Dialog, der in Gang gesetzt wurde. Haben Sie gedanklich eine Unterhaltung mit jemandem geprobt? Wurde dadurch Angst ausgelöst? Gab es da einen Schub von Scham, Wut oder Verlangen? Fällt Ihnen auf, dass der Verstand versucht, ein unangenehmes, störendes Gefühl zu »reparieren«?

NEHMEN SIE SICH einen Moment Zeit, um den Unterschied zwischen Ihrer Wahrnehmung der Außenwelt und Ihren Interaktionen im Denken zu betrachten. Sie sind es nur allzu gewohnt, sich auf der Spielwiese Ihres Verstandes häuslich niederzulassen, um dort Gedanken zu erschaffen und zu manipulieren.

Beobachten Sie Ihre Umgebung.
Schreiben Sie auf, was Sie außerhalb von sich selbst sehen.

Und jetzt schreiben Sie die Gedanken auf, die Ihr Verstand über das geschaffen hat, was Sie in der Außenwelt beobachtet haben.

WAS SIE LETZTLICH ERLEBEN, ist in Wahrheit eher eine persönliche, Ihnen gemäße Repräsentation der Welt als die nüchterne, ungefilterte Erfahrung dessen, was in der Außenwelt wirklich los ist. Diese geistige Manipulation Ihrer Wahrnehmung der äußeren Welt gestattet es Ihnen, die hereinbrechende Realität abzufedern. Beispielsweise nehmen Sie in jedem beliebigen Moment unzählige Dinge wahr, doch Sie schildern nur eine Auswahl davon. Die Dinge, die Sie in Ihrem Denken erörtern, sind diejenigen, die für Sie von Belang sind. Aufgrund dieser subtilen Form der Vorverarbeitung gelingt es Ihnen, Ihre Erfahrung der Realität unter Kontrolle zu halten, sodass sich in Ihrem Denken alles zusammenfügt. Und tatsächlich ist es so, dass Ihr Bewusstsein Ihr ureigenes geistiges Modell der Realität aufnimmt und nicht etwa die Realität als solche.

Verbringen Sie heute etwas Zeit damit zu registrieren, welche Teile der Realität Sie erörtern. Viele Ereignisse gehen unbemerkt an Ihnen vorbei, was aber erregt Ihre Aufmerksamkeit und warum? Wann ist der innere Erzähler am aktivsten? Was regt diesen geistigen Dialog an?

SIE WERDEN FESTSTELLEN, dass Ihr Verstand fortwährend redet, weil Sie ihn mit einer Aufgabe betraut haben. Sie benutzen dieses innere Geplapper als Schutzmechanismus, als eine Art Abwehr.

Beobachten Sie das geistige Geplapper, das versucht, ein bestimmtes Problem oder eine Bedrohung in Ihrem Leben zu lösen.

Welches Problem versucht Ihr Verstand zu lösen? Wie versucht Ihr Verstand dieses Problem zu lösen? Was steht auf dem Spiel (was versucht Ihr Verstand zu beschützen)?

WAS SIE ALS IHREN VERSUCH VERSTEHEN, die Welt zusammenzuhalten, ist in Wahrheit nur der Versuch, sich selbst zusammenzuhalten.

Wahres persönliches Wachstum bedeutet, jenen Teil von sich zu transzendieren, der nicht in Ordnung ist und nach Schutz verlangt. Das erreichen Sie, indem Sie sich immer und immer wieder sagen, dass Sie die Person da drin sind, die wahrnimmt, wie die Stimme redet. Das ist der Ausweg. Der Teil in Ihnen, dem klar ist, dass Sie fortwährend mit sich selbst über sich selbst sprechen, schweigt. Hier ist die Eingangstür zu den Tiefen Ihres Seins.

Wenn Sie morgens aufwachen und wenn Sie schlafen gehen, achten Sie auf sämtliches Geplapper darüber, Situationen unter Kontrolle zu halten oder sie zu reparieren. Sobald Sie das Geplapper bemerken, entspannen Sie sich, atmen Sie und beginnen Sie, sich auf den Teil von Ihnen zu konzentrieren, der sich einfach der Gedanken und Gefühle, die Sie erleben, bewusst ist.

Schreiben Sie diese Gedanken auf und wie es ist, sie objektiv wahrzunehmen. Hat Ihr Verstand Pläne ausgeheckt? Hat er versucht, Probleme zu lösen? Sich Sorgen gemacht? Waren Sie in der Lage, zu beobachten, sich zu entspannen, zu atmen und die Gedanken vorbeiziehen zu lassen?

TATSACHE IST: Sie werden nie frei von Problemen sein, solange Sie nicht frei sind von jenem Teil in Ihnen, der so viele Probleme hat. Wenn ein Problem Sie belastet, fragen Sie nicht: »Was soll ich dagegen tun?« Fragen Sie: »Welchen Teil von mir belastet das?« Fragen Sie nämlich: »Was soll ich dagegen tun?«, dann sind Sie bereits fest davon überzeugt, dass es da draußen wirklich ein Problem gibt, das gelöst werden muss.

Übung für heute: Jedes Mal, wenn etwas passiert, durch das Sie sich gestört fühlen, und Sie spüren, wie Ihre Energie sich verändert, fragen Sie sich: »Welcher Teil von mir wird gerade gestört?« Überlegen Sie nun: Ist es tatsächlich die Situation, die Sie stört, oder stören Sie sich in Wirklichkeit an der Situation an sich? Schreiben Sie auf, was Sie entdecken.

PROBLEME SIND IN DER REGEL NICHT, was sie zu sein scheinen. Das eigentliche Problem ist, dass es etwas in Ihnen gibt, das mit so gut wie allem ein Problem haben kann. Sie müssen sich abgewöhnen zu denken, die Lösung für Ihre Probleme bestehe darin, die Dinge in der Außenwelt umzugestalten. Dazu gehört ein Wechsel vom »Bewusstsein der äußeren Lösungen« zum »Bewusstsein der inneren Lösungen«. Die einzig dauerhafte Lösung für Ihre Probleme besteht darin, in sich zu gehen und den Teil von Ihnen loszulassen, der offenbar so viele Probleme mit der Realität hat. Haben Sie das einmal getan, so sind Sie frei genug, um sich mit allem Weiterem zu befassen.

Schreiben Sie ein paar Sätze über eines Ihrer Probleme.

Gibt es in Ihrem
Inneren etwas,
das Sie loslassen können,
anstatt die Außenwelt
zu verändern?

ES GIBT ZWEI VERSCHIEDENE ASPEKTE Ihres Wesenskerns: Der erste Aspekt sind Sie, das Bewusstsein, der Zeuge, das Zentrum Ihrer bewussten Absichten. Der andere ist das, was Sie beobachten. Das Problem ist: Der Teil, den Sie beobachten, hält nie die Klappe. Könnten Sie diesen Teil loswerden, und sei es nur für einen Moment, so würden Ihnen die Ruhe und der Frieden , die sich dann einstellen, wie der schönste Urlaub Ihres Lebens vorkommen.

Eine einfache Möglichkeit festzustellen, wie viel die innere Stimme spricht, ist zu beobachten, was passiert, wenn Sie zum Beispiel duschen. Widmen Sie sich einfach nur still Ihrer Körperpflege, oder ist Ihr Verstand mit Reden beschäftigt? Sie werden sehen, dass er ständig redet – vielleicht plant er Ihren Tag, beschwert sich über die Rechnungen oder träumt von der Zukunft. Der Verstand plappert die ganze Zeit – unter der Dusche, während Sie Auto fahren oder im Bus sitzen. Aber es gibt einen Teil von Ihnen, der sich dieses Geplappers einfach nur bewusst ist. Dieser Teil, der Zeuge, ist immer still. Stellen Sie sich vor, wie es wäre, einfach friedlich zu duschen oder in Ihrem Auto zu sitzen.

Schreiben Sie das Geplapper auf, das sich in Ihrem Kopf abspielt, während Sie duschen. Ist es hilfreich, nervt es, ist es eher positiv oder negativ? Wie viel davon ist wirklich notwendig?

Nun schreiben Sie auf, wie es wäre, frei zu sein von dem dauernden Lärm, den Ihre eigenen Gedanken verursachen.

IHR SPIRITUELLES WACHS-
TUM HÄNGT VOLL UND GANZ
VON DER ERKENNTNIS AB,
DASS DIE EINZIGE MÖGLICHKEIT,
FRIEDEN UND ZUFRIEDENHEIT
ZU FINDEN, DARIN BESTEHT,
NICHT LÄNGER ÜBER SICH
SELBST NACHZUDENKEN.

ES EXISTIERT EINE TRENNLINIE zwischen Ihnen und Ihrem Zorn oder Ihnen und Ihrer Eifersucht. Sie sind die Person, die da drin ist und diese Dinge wahrnimmt. Sobald Sie die Warte des Bewusstseins einnehmen, können Sie diese persönlichen Störungen loswerden. Sie fangen an, indem Sie beobachten. Nehmen Sie einfach wahr, dass Sie wahrnehmen, was da drin vor sich geht. Es ist nicht schwer. Ihnen wird klar werden, dass Sie die Persönlichkeit eines Menschen mit all ihren Stärken und Schwächen beobachten. Es ist, als wäre dort drin jemand bei Ihnen. Im Prinzip könnten Sie sagen, Sie haben einen »Mitbewohner«.

Überlegen Sie, ob Ihre Gedanken und Eigenheiten möglicherweise nicht identisch mit Ihnen sind. Können Sie sich Ihre Persönlichkeit als Mitbewohner in Ihrem Inneren vorstellen?

Schreiben Sie ein paar Sätze über den Unterschied, den Sie zwischen dem Sitz Ihres Bewusstseins wahrnehmen und der allzu menschlichen Persönlichkeit (Ihr Mitbewohner), die Sie in Ihrem Inneren erfahren.

UM HERAUSZUFINDEN, wie Ihr innerer Mitbewohner wirklich beschaffen ist, müssen Sie ihn äußerlich personifizieren. Stellen Sie sich vor, Ihr Mitbewohner, die Psyche, hätte einen eigenen Körper. Das tun Sie, indem Sie die gesamte Persönlichkeit hernehmen, die in Ihrem Kopf mit Ihnen redet, und sie sich als Person vorstellen, die in der Außenwelt mit Ihnen spricht. Stellen Sie sich vor, eine andere Person würde jetzt alles sagen, was sonst Ihre innere Stimme von sich gibt. Verbringen Sie nun einen Tag mit dieser Person. Nur um grundsätzlich herauszufinden, mit wem Sie da eigentlich zusammenleben, lassen Sie die Stimme einfach drauflosreden.

Machen Sie einen Spaziergang mit Ihrem inneren Mitbewohner. Nehmen Sie entweder Ihre Lieblingsroute, oder drehen Sie einfach nur eine Runde um den Block. Stellen Sie sich diesen Mitbewohner einen Tag lang als einen tatsächlichen Begleiter vor.

Empfinden Sie ihn als angenehme Gesellschaft?

Welche Charakter-eigenschaften hat diese Person?

Wie ist es, den Tag mit Ihrem inneren Mitbewohner zu verbringen?

Ist das Geplapper dieser Person negativ, positiv, ängstlich oder wertend?

SO WIE ES IM MOMENT AUSSIEHT, gehört Ihr Leben nicht Ihnen selbst; es gehört Ihrem Mitbewohner, der Psyche. Sie müssen sich Ihr Leben zurückholen. Bleiben Sie fest in der Rolle des inneren Zeugen und lösen Sie sich aus dem Griff, in dem der Geist der Gewohnheit Sie festhält. Dies ist Ihr Leben – erobern Sie es sich zurück.

Hatten Sie jemals einen Mitbewohner, den Sie irgendwann gebeten haben auszuziehen? Negative und lärmende Gedanken sind wie ein schwieriger Mitbewohner. Achten Sie heute darauf, wie es sich auf Ihre Energie auswirkt, wenn solche Gedanken auftauchen, und schreiben Sie es auf.

Schreiben Sie nun auf, was für eine friedliche Umgebung Sie schaffen könnten, wenn Sie diesen Mitbewohner auffordern würden auszuziehen oder zumindest aufhören würden, ihm zuzuhören.

WER SIEHT, WENN SIE SEHEN? Wer hört, wenn Sie hören? Wer beobachtet die Träume? Wer betrachtet das Bild im Spiegel?

Es gibt da einen beständigen Teil von Ihnen, der alles beobachtet. Atmen Sie ein paarmal tief durch und treten Sie mit diesem Zeugen in Kontakt. Was empfinden Sie, wenn Sie mit diesem Zeugen Verbindung aufnehmen? Ist es ein Gefühl friedlicher Losgelöstheit von Ihrem Verstand und der Außenwelt?

STELLEN SIE SICH VOR, Sie und ich würden ein Gespräch führen. Kommt jemand auf Sie zu und fragt: »Entschuldigung, wer sind Sie?«, wird dieser Mensch in westlichen Kulturen für gewöhnlich nicht dafür getadelt, eine so tiefgreifende Frage gestellt zu haben. Stattdessen sagen Sie zum Beispiel Ihren Namen: Sonja Schmidt. Ich möchte jedoch diese Antwort hinterfragen, indem ich ein Blatt Papier nehme und die Buchstaben S-o-n-j-a S-c-h-m-i-d-t schreibe und Ihnen das Blatt dann zeige. Sind das Sie – eine Ansammlung von Buchstaben? Ist es das, was sieht, wenn Sie sehen? Offensichtlich nicht, also sagen Sie: »Okay, Sie haben recht. Tut mir leid. Ich bin nicht Sonja Schmidt. Das ist der Name, mit dem man mich anspricht – ein Etikett. Tatsächlich bin ich ...«

Erstellen Sie eine Liste von allem, was Sie Ihrer Meinung nach beschreibt. Das kann Ihr Name sein, Ihr Alter, Ihr Beruf, Ihre ethnische Herkunft, Ihre Rolle innerhalb der Familie und so weiter. Schreiben Sie einfach auf, wie Sie üblicherweise auf die Frage »Wer sind Sie?« antworten würden.

Denken Sie
über diese Etiketten
nach. Jedes davon
könnte sich ändern, und Sie
wären dennoch da drin und
würden die Veränderung
feststellen. Schreiben
Sie etwas dazu.

SIE SIND NICHT IHRE GEDANKEN. Sie nehmen Ihre Gedanken einfach nur wahr. Schließlich sagen Sie: »Schön, ich gehöre also nicht zur Außenwelt, und ich bin auch nicht die Emotionen. Diese äußeren und inneren Objekte kommen und gehen, und ich nehme sie wahr. Ich bin aber auch nicht die Gedanken. Sie können still oder lärmend sein, fröhlich oder traurig. Gedanken sind nur eine weitere Sache, die ich wahrnehme. Aber wer bin ich?«

Betrachten Sie Ihre äußere Umgebung – alles, was Sie sehen oder hören und fühlen. Was ist da draußen?

Nun betrachten Sie Ihre inneren Wahrnehmungen (Ihre Gedanken, Ihre Emotionen und Ihre körperlichen Empfindungen). Was finden Sie in Ihrem Inneren?

Was haben Sie bei den Beobachtungen Ihrer Außen- und Innenwelt über sich selbst – den Betrachter der inneren und äußeren Objekte – herausgefunden?

ALLMÄHLICH WIRD DARAUS eine ernsthafte Frage: »Wer bin ich? Wer macht all diese physischen, emotionalen und mentalen Erfahrungen?« Also setzen Sie sich etwas tiefer mit dieser Frage auseinander. Dies geschieht, indem Sie die Erfahrungen weglassen und nachsehen, was übrig bleibt. Sie werden mit der Zeit merken, wer die Erfahrungen macht. Irgendwann gelangen Sie an einen Punkt in sich, an dem Sie erkennen, dass Sie, die oder der all dies erlebt, eine bestimmte Eigenschaft haben. Diese Eigenschaft ist die Wahrnehmung, das Bewusstsein, ein intuitives Gefühl zu existieren.

Stellen Sie sich selbst in drei verschiedenen Altersstufen bildlich vor. Betrachten Sie diese Bilder genauer und fragen Sie sich: Wer war die ganze Zeit da, unabhängig von der Gestalt Ihres Körpers oder den Kleidern, die Sie trugen? Dies ist der essenzielle Kern Ihrer Persönlichkeit, der in allen Bildern hinter der Oberfläche stets präsent war. Schreiben Sie auf, wer Sie immer schon gewesen sind.

DIE ESSENZ DES BEWUSSTSEINS ist Gewahrsein; das Gewahrsein ist dazu in der Lage, eine Sache deutlicher wahrzunehmen, eine andere hingegen weniger deutlich. In anderen Worten: Die Wahrnehmung hat die Fähigkeit, sich auf bestimmte Dinge zu fokussieren. Der Lehrer sagt: »Konzentriert euch auf das, was ich sage.« Was bedeutet das? Es bedeutet, fokussiert euer Bewusstsein auf einen Punkt.

Niemand hat Ihnen das beigebracht. Sie wussten schon immer, wie man es macht: intuitiv und auf natürliche Weise.

Fokussieren Sie Ihre Aufmerksamkeit für zwei Minuten auf ein einziges Objekt. Beobachten Sie, was sich in Ihrem Kopf und in Ihrem Körper abspielt.

Schreiben Sie auf, was während dieser zwei Minuten passiert ist. Waren Sie in der Lage, sich zu fokussieren, ohne dass Ihr Verstand abgeschweift ist oder von etwas anderem abgelenkt wurde? Und falls Ihr Verstand abgeschweift ist, waren Sie in der Lage, zu bemerken, dass Sie abgelenkt wurden, und sich danach wieder auf das Objekt zu fokussieren?

FÜR EINEN AUGENBLICK sitzen Sie im Bewusstseinszentrum und schauen sich Ihre persönliche Fernsehsendung an. Doch da sind derart viele interessante Objekte, die Ihr Bewusstsein ablenken, dass Sie gar nicht anders können, als sich in sie hineinziehen zu lassen. All Ihre Sinneswahrnehmungen ziehen Sie hinein – das Sehen, das Hören, das Tasten, das Schmecken und Riechen – und dasselbe tun Ihre Gefühle und Ihre Gedanken. Doch in Wahrheit sitzen Sie still da drin und blicken hinaus auf diese Objekte. Ebenso wie die Sonne ihre Position am Himmel nicht verlässt, um Objekte mit ihrem strahlenden Licht anzuleuchten, verlässt auch das Bewusstsein nicht sein Zentrum, um Aufmerksamkeit auf die Objekte der Formen, Gedanken und Emotionen zu projizieren. Falls Sie je das Bedürfnis haben, sich wieder zu zentrieren, sagen Sie da drin einfach »Hallo«, und das immer wieder.

Achten Sie auf die Bilder, Geräusche und Gerüche, die Ihnen von Ihren Sinnen vermittelt werden. Welche positiven oder negativen Gefühle stellen sich ein?

Achten Sie darauf, wie Ihr Verstand die Realität anhand Ihrer persönlichen Vorlieben und Bezugsrahmen sortiert: »ordentlich«, »schmutzig«, »hell«, »kalt«, »riecht wie Rühreier und Kaffee«.

Nun schließen Sie die Augen und sagen Sie immer wieder »Hallo«, um zurück zu Ihrem Mittelpunkt zu gelangen.

Was ist es für ein Gefühl, die Welt verstandesmäßiger Schubladen zu verlassen und zu Ihrem Zentrum zurückzukehren?

WENN SIE ÜBER DIE NATUR DES SELBST NACHDENKEN, meditieren Sie. Deshalb ist Meditation der höchste Zustand. Es ist die Rückkehr zu den Wurzeln Ihres Wissens, zum einfachen Gewahrsein dessen, dass Sie gewahr sind. Sind Sie sich Ihres Bewusstseins einmal bewusst, erreichen Sie einen völlig anderen Zustand. Sie nehmen nun wahr, wer Sie sind. Sie sind zu einem erwachten Wesen geworden.

Sitzen Sie eine Weile mit geschlossenen Augen da und gestatten Sie sich, sämtliche Empfindungen Ihres Körpers wahrzunehmen. Registrieren Sie alle Gedanken oder Emotionen, die aufsteigen, und die Tatsache, dass Sie sich all dessen bewusst sind. Dann fokussieren Sie sich wieder auf das Gewahrsein – können Sie sich einfach nur gewahr sein, dass Sie gewahr sind?

Schreiben Sie auf, wie es ist, einfach nur Ihre Emotionen und Gedanken wahrzunehmen. Oder nur die Empfindungen in Ihrem Körper zu erfahren. Dies ist das Gefühl des Erwachtseins. Beginnen Sie die tiefe Präsenz des Gewahrseins in Ihrem täglichen Leben zu spüren?

Wenn ein erfülltes,
reiches Leben zu genießen
bedeutet, fortwährend
geballte Energie, Liebe und
Begeisterungsfähigkeit zu
verspüren, dann verschließen
Sie sich bloß nie.

TEIL 2

ENERGIE ERLEBEN

BEWUSSTSEIN IST eines der größten Geheimnisse des Lebens. Innere Energie ist ein weiteres.

Die Wahrheit ist: Für jede Bewegung Ihres Körpers, jede Emotion, die Sie verspüren, und jeden Gedanken, der Ihnen durch den Kopf geht, muss Energie aufgewendet werden.

Wenn Sie sich zum Beispiel auf einen Gedanken konzentrieren wollen und ein anderer Gedanke dabei stört, werden Sie eine entgegengesetzte Kraft aufbringen müssen, die den störenden Gedanken unterdrückt. Das erfordert Energie, und dieser Mehraufwand kann an Ihren Kräften zehren.

Beobachten Sie die konkurrierenden Gedanken in Ihrem Kopf, die um Ihre Aufmerksamkeit kämpfen – meist beginnen sie mit »Was wäre, wenn«, »Aber« oder »Sollte ich vielleicht lieber«. Schreiben Sie auf, wie verschiedene Gedanken Ihre Energie beeinflussen.

GEDANKEN ENTSTEHEN LASSEN, Gedanken festhalten, Gedanken abrufen, Emotionen erzeugen, Emotionen kontrollieren sowie das Im-Zaum-Halten starker innerer Triebe – all dies erfordert einen ungeheuren Aufwand an innerer Energie. Doch wo kommt diese Energie her? Und warum ist diese Energie manchmal da, während Sie sich zu anderen Zeiten total ausgelaugt fühlen? Ist Ihnen je aufgefallen, dass Essen nur wenig hilft, wenn Sie sich mental und emotional ausgelaugt fühlen? Denken Sie umgekehrt an die Zeiten in Ihrem Leben, in denen Sie verliebt, begeistert oder von einer Sache inspiriert waren; da mochten Sie kaum essen, und trotzdem strotzten Sie dabei vor Energie.
Die Energie, über die wir hier sprechen, rührt nicht von Kalorien her, die unser Körper durch Nahrung aufnimmt. Es gibt eine Energiequelle, aus der wir innerlich schöpfen können. Sie ist nicht identisch mit den äußeren Quellen von Energie.

Denken Sie an eine Zeit, in der Sie sich müde und ausgelaugt fühlten, unabhängig davon, was Sie gegessen oder wie gut Sie geschlafen hatten. Vielleicht geschah es im Zusammenhang mit einer Trennung oder einem anderen persönlichen Verlust. Vielleicht gab es etwas, das Sie erreichen wollten, aber nicht geschafft haben.

Und nun versuchen Sie, sich zu erinnern: Was ist passiert, das die innere Energie wieder gut fließen ließ? Ist ein Ereignis eingetreten, das Ihnen gefallen hat? Haben Sie sich von einem neuen Projekt inspirieren lassen?

Wenn Sie über Ihre persönliche Ebbe und Flut nachdenken, was fällt Ihnen auf? Was bewirkt, dass Ihr innerer Energiefluss schwächer wird oder wieder in Schwung kommt?

WAS IHNEN AUFFALLEN WIRD, wenn Sie genau hinschauen, ist, dass in Ihnen eine enorme Menge an Energie steckt. Sie kommt nicht vom Essen, und sie kommt nicht vom Schlafen. Diese Energie steht Ihnen immer zur Verfügung, und Sie können sie in jedem Augenblick für sich nutzen. Sie bricht einfach aus Ihnen hervor und erfüllt Sie von innen. Wenn Sie vollgetankt sind mit dieser Energie, haben Sie das Gefühl, Sie könnten es mit der ganzen Welt aufnehmen. Ist der Fluss dieser Energie stark genug, können Sie tatsächlich spüren, wie sie wellenartig durch Sie hindurchströmt. Sie schießt unvermittelt von tief innen empor und erneuert Sie, erfrischt Sie und lädt Ihre Batterien wieder auf.

Erinnern Sie sich an eine Zeit, in der Sie spürten, dass Ihre Energie erwachte, unabhängig davon, ob Sie ausreichend geschlafen hatten oder was Sie gegessen hatten. Eine Zeit, in der die Energie aus einer höheren Quelle zu kommen schien, Sie durchströmte und Ihnen Ausdauer und Freude gab.

Schreiben Sie über diese Erfahrung mit aufsteigender Energie. Was war der Kontext (wo, wer, wann, was)? Was empfanden Sie dabei?

DER EINZIGE GRUND, weshalb wir diese Energie nicht fortwährend spüren, liegt darin, dass wir sie in uns zurückhalten. Wir blockieren sie, indem wir unser Herz und unseren Geist verschließen und indem wir uns in einen beengenden Raum in uns zurückziehen. Damit schotten wir uns vor der gesamten Energie ab. Wenn Sie Ihr Herz oder Ihren Geist verschließen, ziehen Sie sich in die Dunkelheit in Ihnen zurück. Dort gibt es kein Licht. Dort gibt es keine Energie. Dort ist nichts, was fließt. Die Energie ist immer noch da, aber sie kann Sie nicht erreichen. Das ist es, was man unter »blockiert« versteht.

Fragen Sie sich: »Warum verschließe ich mich?« Und dann fragen Sie: »Ist es das wirklich wert?«

Schreiben Sie auf, was es für ein Gefühl ist, sich zu verschließen.

Welche Auswirkungen hat es auf Ihren Verstand und Ihr Herz? Und auf Ihren Energiefluss?

Welche Auswirkungen hat es auf Ihre Wahrnehmung der Außenwelt?

ES GIBT ZWAR VERSCHIEDENE ENERGIEZENTREN in Ihnen, dasjenige Zentrum aber, von dem Sie am besten wissen, wie man es öffnet oder schließt, ist Ihr Herzzentrum. Sagen wir, Sie lieben jemanden und fühlen sich in Gegenwart dieser Person sehr gelöst. Weil Sie diesem Menschen vertrauen, bricht Ihr Schutzwall zusammen und gestattet es Ihnen, eine Unmenge geballter Energie zu verspüren. Tut die Person jedoch etwas, das Ihnen nicht gefällt, fühlen Sie sich danach nicht mehr so ekstatisch. Sie empfinden dann nicht mehr so viel Liebe. Stattdessen verspüren Sie in Ihrer Brust eine Enge. Das rührt daher, dass Sie Ihr Herz verschlossen haben. Das Herz ist ein Energiezentrum, und als solches kann es sich öffnen oder verschließen. Yogis bezeichnen diese Energiezentren als *Chakren*. Wenn Sie Ihr Herzzentrum verschließen, kann keine Energie hineinfließen. Und wenn keine Energie hineinfließen kann, herrscht Dunkelheit. Je nachdem, wie verschlossen Sie sind, empfinden Sie entweder kolossale Unruhe oder lähmende Lethargie. Viele Menschen schwanken zwischen diesen beiden Extremen.

Denken Sie an eine Zeit, in der jemand, den Sie liebten, Sie verletzt hat. Haben Sie gespürt, wie Ihr Herz sich verschloss? Hat es tatsächlich wehgetan und sich in Ihrer Brust zusammengezogen? Was ging Ihnen durch den Kopf und wie haben sie versucht, die Situation zu »lösen«?

Schreiben Sie darüber, wie es wäre, all dies aus einem Zustand klaren Bewusstseins heraus zu beobachten. Können Sie eine nüchterne Art finden, damit umzugehen, die sich von Ihrer gewohnten Reaktion unterscheidet?

WENN SIE ENERGIE MÖGEN, dann sollten Sie sich niemals verschließen. Je mehr Sie lernen, Ihr Herz zu öffnen, umso mehr Energie kann in Sie einfließen. Sie üben die Offenheit, indem Sie sich jedes Mal, wenn Sie sich wieder verschließen, fragen, ob Sie den Energiefluss tatsächlich zum Erliegen bringen wollen. Sie können lernen, stets offen zu bleiben, egal, was geschieht. Sie verpflichten sich einfach dazu, sich eine Fähigkeit zur unbegrenzten Energieaufnahme zu erarbeiten. Sie beschließen, sich nicht zu verschließen.

Denken Sie an einen bestimmten Moment, zu dem Sie offen geblieben sind, obwohl die Umstände oder ein inneres Verlangen Sie drängten, sich zu verschließen. Mussten Sie sehr mit sich kämpfen?

Schreiben Sie auf, warum Sie sich durchgerungen haben, sich nicht zu verschließen.

Vervollständigen Sie diesen Satz: »Ich kann offen bleiben für meine tiefste Quelle der Energie, ungeachtet der Umstände, indem ich

____«

WENN SIE WIRKLICH offen bleiben wollen, achten Sie darauf, wann Sie Liebe und Enthusiasmus verspüren. Dann fragen Sie sich, wieso Sie solche Gefühle eigentlich nicht die ganze Zeit über haben können. Warum verflüchtigen sie sich scheinbar zwangsläufig? Die Antwort liegt auf der Hand: Diese Gefühle verflüchtigen sich nur, wenn Sie sich dafür entscheiden, sich zu verschließen. Indem Sie sich verschließen, treffen Sie die Entscheidung, keine Offenheit und Liebe zu verspüren. Dann werfen Sie die Liebe jedes Mal über Bord. Sie empfinden Liebe, bis jemand etwas sagt, das Ihnen nicht gefällt, und schon geben Sie die Liebe auf. Sie gehen Ihrem Job mit Begeisterung nach, bis jemand Kritik äußert, und schon möchten Sie kündigen. Sie haben die Wahl. Sie können sich entweder verschließen, weil Ihnen nicht gefällt, was geschehen ist, oder Sie können weiterhin Liebe und Enthusiasmus verspüren, indem Sie sich nicht verschließen.

Trainieren Sie, Liebe nicht wegzuwerfen. Achten Sie in Zeiten, in denen Sie sich offen fühlen, darauf, was Sie veranlasst, sich wieder zu verschließen. Was immer Ihnen widerfahren ist, das Ihnen nicht gefallen hat, schreiben Sie es auf.

Beschreiben Sie, welche Auswirkungen es hat, wenn Sie Ihre negativen Reaktionen für die Realität halten.

Was würde passieren, wenn Sie den Entschluss fassten, sich nicht von Ihren Reaktionen beeinflussen zu lassen?

Bevor Sie auf ein negativ empfundenes Ereignis reagieren, stellen Sie sich die Frage: »Ist das hier wirklich wert, dass ich mich verschließe?«

DURCH MEDITATION, durch Wahrnehmung und indem Sie sich ganz bewusst darum bemühen, können Sie lernen, Ihre Zentren offen zu halten. Sie tun das zum einen, indem Sie sich entspannen und indem Sie loslassen. Und zum anderen, indem Sie sich gar nicht erst auf die Vorstellung einlassen, es gebe Dinge, die es wert sind, dass Sie sich ihretwegen verschließen. Denken Sie daran: Wenn Sie das Leben lieben, gibt es nichts, das es wert ist, sich vor ihm zu verschließen. Nichts ist es jemals wert, dass Sie Ihr Herz davor verschließen.

Stellen Sie sich eine Situation vor, die Sie aufwühlt. Beschreiben Sie das Gefühl des Aufgewühltseins und die Gedanken, die damit einhergehen.

Diese Gefühle und Gedanken sind der Schlüssel zum Entspannen und Loslassen. Schreiben Sie nun auf, wie Sie möglicherweise die bewusste Wahl treffen können, offen zu bleiben. Wie ist es, inmitten von emotionalen Reaktionen zu entspannen und loszulassen? Gelangen Sie schneller zu einem Gefühl der Offenheit zurück, als wenn Sie sich verschlossen hätten?

WENN SICH DAS HERZ zu einem bestimmten Zeitpunkt unvermittelt öffnet, verlieben wir uns. Wenn es sich zu einem bestimmten Zeitpunkt plötzlich schließt, kommt die Liebe zum Stillstand. Ist unser Herz verletzt, werden wir wütend; spüren wir unser Herz gar nicht mehr, fühlen wir uns leer. All das geschieht, weil das Herz sich immer wieder wandelt. Diese Energieschwankungen und Unstetigkeiten in Ihrem Herzen bestimmen Ihr Leben.

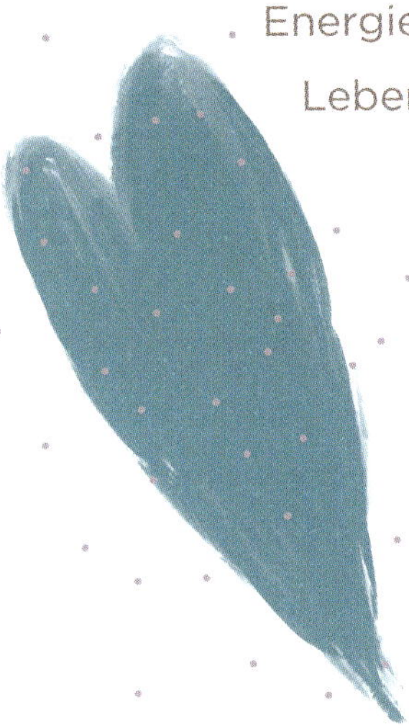

In Wirklichkeit sind Sie nicht Ihr Herz. Sie sind die Person, die Ihr Herz wahrnimmt. Achten Sie heute darauf, wie Sie Ihr Herz erleben, einschließlich aller positiven und negativen Emotionen. Stellen Sie fest, dass Sie sich sehr eng mit Ihrem Herzen identifizieren? Treiben die Gefühle in Ihrem Herzen Ihre Gedanken und Handlungen an?

Trainieren Sie Ihre Aufmerksamkeit in Bezug auf Ihr Herz. Schreiben Sie währenddessen auf, wie Sie die Energie Ihres Herzens wahrnehmen. Können Sie diese Energie in all ihren Wechseln und Variationen spüren, ohne sich damit zu identifizieren und sich davon in Ihrem Handeln bestimmen zu lassen?

DAS HERZ ist eigentlich sehr einfach zu verstehen. Es ist ein Energiezentrum, ein Chakra. Es ist eines der wunderbarsten und kraftvollsten Energiezentren und eines, dessen Tätigkeit sich auf unser tägliches Leben auswirkt. Wie wir gesehen haben, ist ein Energiezentrum ein Bereich innerhalb unseres Wesens, wo sich unsere Energie bündelt, wo sie sich verteilt und fließt. Dieser Energiefluss wurde als Shakti, Geist oder Chi bezeichnet, und er spielt in unserem Leben eine komplexe Rolle. Sie spüren die Energie des Herzens fortwährend. Denken Sie daran, wie es ist, wenn Sie in Ihrem Herzen Liebe empfinden. Denken Sie daran, wie es ist, wenn Ihr Herz überfließt vor Inspiration und Enthusiasmus. Denken Sie daran, wie es ist, wenn Sie spüren, wie Energie in Ihrem Herzen emporsteigt, die Sie zuversichtlich und stark macht.

Meditieren Sie über Ihr Herzchakra: Schließen Sie die Augen und atmen Sie in Ihr Herz, mitten hinein in Ihre Brust. Spüren Sie, wie sich Ihr Herz mit jedem Atemzug ausdehnt. Was ist es für ein Gefühl, wenn Sie nur über Ihr Herz meditieren und nichts passiert, was es dazu bringt, sich zu öffnen oder zu schließen?

Achten Sie heute bei Ihren alltäglichen Verrichtungen darauf, wie sich Ihr Herz öffnet und schließt.

Schreiben Sie auf, welche Gefühle Sie empfinden. Beispielsweise, wenn Ihr Herz offen ist – fühlen Sie sich inspiriert, leidenschaftlich, dankbar und frei? Was immer es sein mag, achten Sie darauf, wie diese Gefühle aufsteigen und vergehen. Sind Sie in der Lage, all die Gefühle zu registrieren, die Ihr Herz durchströmen? Oder wehren Sie manche Gefühle ab und klammern sich an andere?

IN JEDEM MOMENT STRÖMEN Eindrücke und Erlebnisse auf uns ein, und wir lernen und wachsen. Ihr Herz und Ihr Geist erweitern sich, und Sie werden auf einer sehr tiefen Ebene berührt. Falls Erfahrung der beste Lehrer ist, so gibt es nichts, was der Erfahrung des Lebens gleichkommt.

Das Leben zu leben – das bedeutet, den Augenblick zu erleben, der uns durchfließt, dann den nächsten Augenblick zu erleben und dann den nächsten. Viele unterschiedliche Erlebnisse und Erfahrungen kommen und durchströmen Sie. Wenn es reibungslos funktioniert, ist es ein überragendes System. Könnte man diesen Zustand immer beibehalten, wäre man ein völlig bewusstes Wesen. Auf die gleiche Weise lebt ein erwachtes Wesen im »Jetzt«. Es ist gegenwärtig, und das Leben ist gegenwärtig. Ein solches Wesen ist erfüllt vom Leben in seiner Gesamtheit. Stellen Sie sich vor, Sie wären bei jeder Erfahrung im Leben so gegenwärtig, dass Sie davon bis in die Tiefen Ihres Wesens berührt würden. Jeder Augenblick wäre ein stimulierendes, bewegendes Erlebnis, da Sie vollends offen wären und das Leben direkt durch Sie hindurchfließen würde.

Jeder hat in seinem Leben Erfahrungen gemacht, die ihn zutiefst und vollständig berührt haben. Nehmen Sie sich einen Moment Zeit und erinnern Sie sich an eine Situation, in der Sie sich ganz und gar erfüllt gefühlt haben. Vielleicht waren Sie mit dem Auto unterwegs, bogen in eine Straße ein und sahen einen herrlichen Sonnenuntergang – mit wunderschönen Orange- und Magentatönen. Es war das Schönste, was Sie je gesehen haben, und es erfüllte Sie mit einem Gefühl von Ehrfurcht, Dankbarkeit und Zufriedenheit. Jeder Moment kann Sie so tief berühren.

Schreiben Sie auf, wie es wäre, wenn jeder Augenblick Sie bis in die Tiefe Ihres Seins berühren würde. Es versetzt Sie in großes Staunen, dass Ihre Lungen atmen, dass Sie laufen können, dass ein Vogel singen kann und dass eine gemeine Person Sie anschreien kann. Können Sie jeden Augenblick Ihre Seele berühren lassen?

EIN MUSIKINSTRUMENT KANN MAN HÖREN, ABER DAS HERZ KANN MAN SPÜREN. UND WENN SIE MEINEN, EIN INSTRUMENT ZU SPÜREN, LIEGT ES DARAN, WEIL ES IHR HERZ BERÜHRT. DAS HERZ IST EIN INSTRUMENT, DAS AUS HÖCHST SUBTILER ENERGIE BESTEHT, DIE NUR WENIGE MENSCHEN ERFASSEN KÖNNEN.

EIN SAMSKARA IST DAS KREISEN von gespeicherten Energiemustern aus der Vergangenheit. Salopp gesagt, ist es eine Blockade, ein Ereignis, das »stecken geblieben« ist. All die darauffolgenden Ereignisse versuchen, durch Sie hindurchzufließen, doch irgendetwas ist da drin passiert, sodass dieses letzte Erlebnis unvollendet geblieben ist. Das Leben muss nun mit diesem blockierten Ereignis in einen Wettstreit um Ihre Aufmerksamkeit treten, denn dieser Eindruck bleibt da drin nicht einfach still sitzen. Sie werden feststellen, dass Sie ständig den Drang verspüren, über ihn nachzudenken. All das ist ein Versuch, einen Weg zu finden, diesen Eindruck in Ihrem Kopf zu verarbeiten. Weil Sie Widerstand geleistet haben, ist der Fluss ins Stocken geraten, der Eindruck blieb stecken, und nun haben Sie ein Problem. Sie bemerken, wie Ihre Gedanken einsetzen und sich einer an den anderen reiht. Es macht Sie verrückt. All der innere Lärm ist lediglich Ihr Versuch, die blockierte Energie zu verarbeiten und aus dem Weg zu räumen.

Wie äußert sich der Widerstand bei Ihnen? Als körperliche Anspannung? In Form von negativen Gedanken? Achten Sie darauf, wie Ihr Verstand auf eine solche Situation reagiert und auf die darauffolgenden Gedanken. Beobachten Sie auch welche Handlungen folgen, wenn Sie Widerstand leisten und der Energiefluss stockt. Vielleicht genehmigen Sie sich ein paar Gläser Wein oder etwas Süßes oder Sie bleiben lange auf und schauen Serien. Oder Sie sagen etwas, das Sie eigentlich nicht sagen wollten.

Beschreiben Sie Ihre Gefühle, Gedanken und Handlungen, wenn Sie ins Stocken geraten.

IN DER TRADITION DES YOGA bezeichnet man ein unabgeschlossenes Energiemuster als Samskara. Das Wort stammt aus dem Sanskrit und bedeutet »Eindruck«. In der yogischen Lehre betrachtet man es als einen der wichtigsten Faktoren, die sich auf unser Leben auswirken. Ein Samskara ist eine Blockade, ein unvollendeter Eindruck aus der Vergangenheit, der schließlich unser Leben beherrscht.

Können Sie einige der unvollendeten Energiemuster in Ihrem Inneren benennen? Sie lassen sich eigentlich sehr leicht aufspüren – fangen Sie einfach an zu beobachten, wodurch Ihre emotionalen Reaktionen im Laufe des Tages üblicherweise ausgelöst werden. Trifft es Sie tief, wenn Sie das Gefühl haben, dass Sie keine Aufmerksamkeit und Zuneigung erhalten? Ertappen Sie sich dabei, wie Sie empfindlich reagieren, wenn Sie kritisiert werden? Können Sie diese Empfindlichkeiten auf frühere Erfahrungen in Ihrem Leben zurückführen? Achten Sie darauf und schreiben Sie über Ihre Erfahrungen, die auf die Eindrücke tief in Ihrem Inneren hindeuten.

ES GIBT ZWEI ARTEN von Erlebnissen, die das Herz blockieren können. Entweder man versucht, Energien von sich fernzuhalten, weil sie einen stören, oder man versucht, Energien an sich zu binden, weil sie einem gefallen. In beiden Fällen hindert man die Energien am Hindurchfließen, und man verschwendet wertvolle Lebensenergie, indem man den Fluss durch Widerstand und Anhaftung, sprich: Festhalten, blockiert.

Wir alle haben Erfahrungen gemacht, gegen die wir uns gewehrt haben oder die wir versucht haben, für uns zu behalten. Vielleicht war es Ihnen unangenehm, in der Grundschule eine Rede zu halten, und jetzt werden Sie jedes Mal nervös, wenn Sie vor einem Publikum sprechen müssen. Oder vielleicht haben Sie die Hauptrolle in der jährlichen Aufführung der Theatergruppe Ihrer Schule bekommen und Sie erzählen es immer noch jedem und träumen davon, ein großer Schauspieler zu sein. Schreiben Sie über eine Situation, in der Sie etwas Unangenehmes erlebt und es verdrängt haben. Versucht es immer noch hochzukommen? Stellen Sie fest, dass Sie nach wie vor dagegen ankämpfen?

Was ist es
für ein Gefühl,
sich an etwas zu
klammern, das
der Vergangenheit
angehört?

Schreiben Sie nun
über ein Erlebnis,
das Sie so genossen
haben, dass Sie sich
wünschten, es würde
niemals enden.

… UNENDLICHE INSPIRATION, UNENDLICHE LIEBE UND UNENDLICHES OFFENSEIN – das ist der natürliche Zustand eines gesunden Herzens.

Um diesen Zustand zu erreichen, müssen Sie den Erfahrungen des Lebens einfach gestatten, in Sie einzudringen und durch Sie hindurchzufließen. Falls alte Energien wieder hochkommen, weil Sie vorher nicht in der Lage waren, diese zu verarbeiten, lassen Sie sie jetzt los.

Setzen Sie sich zum Ziel, die Erfahrungen des Lebens sich entfalten zu lassen, anstatt zuzulassen, dass alte, gespeicherte Energiemuster Widerstand erzeugen und den Fluss ins Stocken bringen. Schreiben Sie über eine Situation oder ein Ereignis, das heute etwas in Ihnen ausgelöst hat. Vielleicht waren es eine bestimmte Angst oder Sorgen aus der Vergangenheit, an denen Sie festgehalten haben und die durch die aktuelle Situation stimuliert wurden.

Haben Sie es geschafft, die blockierte Energie oder innere Störung gezielt aufzuspüren und sie dann loszulassen? Welche Energie haben Sie erfahren und wie haben Sie sie bemerkt und losgelassen? Was war es für ein Gefühl, der Situation gegenüber keinen Widerstand zu leisten und Ihre Reaktionen zuzulassen?

NATÜRLICH SCHMERZT ES, wenn etwas wieder hochkommt. Es wurde unter Schmerzen gespeichert, und es wird unter Schmerzen freigesetzt. Sie müssen selbst entscheiden, ob Sie weiterhin mit einem Speicher an Schmerz herumlaufen wollen, der Ihr Herz blockiert und Ihr Leben einschränkt. Die Alternative besteht in der Bereitschaft, den Schmerz loszulassen, wenn er stimuliert wird. Es tut nur einen Moment lang weh, und dann ist es vorbei.

Schreiben Sie auf, was Sie empfinden, wenn Schmerzen, die in der Vergangenheit gespeichert wurden, in Ihrem Herzen wieder an die Oberfläche kommen.
Schreiben Sie auf, was Sie normalerweise machen, um dieses unangenehme Erlebnis herunterzuspielen. Gibt es gewohnheitsmäßige Strategien und bestimmte Aktivitäten, die Sie anwenden, um zu vermeiden, dass der Schmerz in Ihrem Inneren aufsteigt?

Stellen Sie sich vor, wie es wäre, loszulassen und befreit zu sein von dem gespeicherten Schmerz, der Ihr Leben im Griff hat.

IHRE BELOHNUNG IST ein dauerhaft geöffnetes Herz. Sie brauchen kein Ventil mehr, keine Schleuse im Herzen. Sie leben umgeben von Liebe, die Sie nährt und Ihnen Kraft schenkt. So ist es mit einem geöffneten Herzen. Dann erleben Sie das Instrument des Herzens, wie es eigentlich gedacht war. Gestatten Sie sich, jede einzelne Note zu spüren, die es zu spielen vermag. Wenn Sie sich entspannen und loslassen, ist die Reinigung Ihres Herzens eine wunderbare Sache. Richten Sie Ihre Augen auf den höchsten Zustand, den Sie sich vorstellen können. Wenn Sie ausrutschen und hinfallen, stehen Sie einfach wieder auf. Allein die Tatsache, dass Sie diesen Prozess der Befreiung des Energiestroms durchlaufen wollen, bedeutet, dass Sie großartig sind. Sie werden Ihr Ziel erreichen. Fahren Sie damit fort Blockaden loszulassen.

Schreiben Sie auf, wie Sie heute jede einzelne Note, die Ihr Herz spielen kann, erlebt haben. Es kann alles sein – wie Sie den Sonnenschein genossen haben, wie Sie ein Ärgernis empfunden und es einfach überwunden haben. Schreiben Sie auf, wie erfüllt Ihr Leben sein wird, lassen Sie Ihre innere Energie frei.

... ES IST UNSCHWER ZU ERKENNEN, dass der ursprünglichste Energiefluss dem Überlebensinstinkt dient. Im Laufe von Äonen der Evolution ging es, angefangen von den einfachsten bis hin zu den komplexesten Lebensformen, stets um den täglichen Kampf der Selbsterhaltung. In unserer hoch entwickelten, gemeinschaftsbetonten Gesellschaftsstruktur hat dieser Überlebensinstinkt evolutionäre Veränderungen durchlaufen. Vielen Menschen mangelt es heute nicht mehr an Wasser, Nahrung, Kleidung oder Obdach; auch geraten wir nicht regelmäßig in lebensbedrohliche körperliche Gefahr. Folglich verlagerten sich die Abwehrenergien von der physischen Verteidigung hin zu einer psychologischen. Wir erleben nun die tägliche Notwendigkeit, nicht unseren Körper, sondern unser Konzept von uns selbst verteidigen zu müssen. Die großen Kämpfe tragen wir aus gegen unsere inneren Ängste, gegen Unsicherheiten und destruktive Verhaltensmuster, und nicht etwa gegen äußere Gewalten.

Welche Konzepte von sich selbst glauben Sie verteidigen, schützen und bewahren zu müssen? Vielleicht haben Sie das Verlangen, als smart und erfolgreich wahrgenommen zu werden; begehrenswert oder attraktiv, stark oder stoisch? Was bedroht diese Selbstkonzepte? Was passiert, wenn Ihre Selbstkonzepte infrage gestellt werden – gehen Sie gleich zur Verteidigung über? Empfinden Sie Furcht? Egal, was auch nach oben dringt, schreiben Sie es geradeheraus und ehrlich auf und bleiben Sie offen für alles.

WIR WISSEN GENAU, wie wir unser Herz verschließen und einen psychologischen Schutzschild hochhalten können. Wir wissen genau, wie wir unsere Energiezentren verschließen können, um zu vermeiden, dass wir für die verschiedenen Energien, die eindringen und Angst erzeugen können, empfänglich und anfällig sind.

Wenn Sie »zumachen« und sich selbst schützen, errichten Sie eine Hülle um jenen Teil Ihrer selbst, der schwach ist. Es ist jener Teil, der spürt, dass er Schutz benötigt, auch wenn kein körperlicher Angriff stattfindet. Sie schützen Ihr Ego, Ihre Idee von sich selbst.

Beobachten Sie heute, wie manche Dinge bei Ihnen eine Abwehrreaktion auslösen. Denken Sie daran, dass Sie in der Lage sind zuzusehen, wie es passiert; Sie werden Zeuge Ihrer selbst im Reaktionsmodus.

Lassen Sie den Tag noch einmal an sich vorbeiziehen. Was bereitete Ihnen Unbehagen? Haben Sie die Anspannung in ihrem Herzzentrum gespürt? Welche Gedanken hatten Sie angesichts der Situation? Haben Sie etwas gesagt, um sich zu verteidigen? Was war es, das Sie beschützt haben?

SIE WERDEN IM LAUFE IHRES WACHSTUMS an einen Punkt gelangen, an dem Sie begreifen, dass Sie niemals frei sein werden, solange Sie sich vor etwas schützen. So einfach ist das. Weil Sie verängstigt sind, haben Sie sich in Ihr Haus eingesperrt und die Rollläden heruntergelassen. Nun ist es dunkel, und Sie möchten das Sonnenlicht spüren, trauen sich aber nicht, es hereinzulassen. Eine unmögliche Situation. Wenn Sie sich einschließen und sich selbst schützen, schließen Sie diese verängstigte, unsichere Person in Ihr Herz ein. Auf diese Weise können Sie nie frei sein.

Der einfachste Weg, sich zu öffnen, besteht darin aufzuhören, sich selbst zu schützen. Verbringen Sie den heutigen Tag mit einem Experiment: Versuchen Sie es hinzubekommen, einen ganzen Tag lang nichts zu sagen oder zu tun, um sich zu verteidigen oder zu beweisen. Dazu ist es notwendig, dass Sie der Energie, die Ihre Worte und Handlungen anregt, allergrößte Aufmerksamkeit widmen.

Schreiben Sie am Ende des Tages auf, was passiert ist.

Ist Ihnen aufgefallen, wie viele Ihrer Gedanken und Handlungen von dem Verlangen, sich zu verteidigen oder sich selbst zu beweisen, ausgelöst wurden? Als Sie den Entschluss fassten, nicht aus dieser Richtung zu agieren, fühlten Sie sich da schutzlos und verletzlich? Oder empfanden Sie ein Gefühl des Friedens? Erkennen Sie die Möglichkeit, frei zu sein von der einengenden Energie der Furcht oder des Schutzbedürfnisses? Wie würde das aussehen?

DAS BEWUSSTSEIN NEIGT DAZU, sich auf Störungen zu konzentrieren, und die störenden Energien in Ihrem Inneren bilden da keine Ausnahme. Sie werden Ihre Aufmerksamkeit auf sich lenken. Aber Sie haben es in der Hand, ob dies geschieht. Denn Sie haben die Fähigkeit, sie gar nicht erst zuzulassen, indem Sie sich abkoppeln und diese Energien einfach davonziehen lassen.

Wenn die Energien in Ihrem Herzen in Bewegung geraten, müssen Sie ihnen nicht folgen. Wenn beispielsweise Ihre Gedanken in Bewegung geraten, müssen Sie ihnen auch nicht folgen. Wenn Sie frei sein wollen, dann bleiben Sie jedes Mal, wenn Sie einen Wechsel im Fluss der Energie spüren, entspannt im Hintergrund. Kämpfen Sie nicht dagegen an, versuchen Sie nicht, ihn zu ändern, und bewerten Sie ihn nicht.

Gedanken werden oft von der gestörten Energie in uns angetrieben. Achten Sie heute darauf, ob solche Gedanken in Ihren Geist eindringen (z. B. »Ich wollte, ich hätte gestern ______________________ gemacht!« oder »Warum hat ___________ das bei der Arbeit zu mir gesagt?«). Achten Sie darauf, wie der Gedanke entsteht und welche energetische Störung Sie in Ihrem Herzen spüren. Atmen Sie nun, entspannen Sie sich, und beobachten Sie, wie die Gedanken und die Störung abfließen.

Wenn
Sie sich hinter
den Gedanken und
den inneren Störungen
entspannen, die Ihnen
Unbehagen bereiten, was passiert
dann? Sind Sie in der Lage, sich
mit den gestörten Gedanken und
Gefühlen abzufinden? Können Sie
erkennen, dass die Störung nur
Energie ist und Sie nicht verletzen
kann? Wenn Sie keine Angst
mehr vor innerer Störung
haben, werden Sie frei
davon sein.

SCHLUSSENDLICH KANN DAS, was als vorüberziehender Gedanke oder vorüberziehende Emotion begann, zum Mittelpunkt Ihres gesamten Lebens werden. Wenn Sie nicht loslassen, kann es völlig außer Kontrolle geraten.

Weise Menschen bleiben zentriert genug, um gleich loszulassen, wenn die Energie auf eine defensive Gangart umschaltet. Sobald die Energie in Bewegung gerät und Sie spüren, wie Ihr Bewusstsein in sie hineingezogen wird, entspannen Sie sich und geben diese frei. Loslassen bedeutet, hinter der Energie zurückzubleiben, anstatt zu ihr vorzudringen.

Versuchen Sie heute, darauf zu achten, wenn Ihre Energie in den Verteidigungsmodus umschaltet. Wie reagiert Ihr Körper auf diesen Wechsel der Gangart? Spüren Sie beispielsweise eine Anspannung in Ihren Schultern oder Schmerzen im Bauch?

Wie ändern sich Ihre Gedanken? Achten Sie darauf, welche Gedanken auftauchen.

Wenn diese Abwehrmechanismen getriggert werden, trainieren Sie, zu Ihrem zentrierten Selbst zurückzukehren, indem Sie sich entspannen und loslassen. Schreiben Sie über Ihre Erfahrungen beim Beobachten, Entspannen und Wiederzentrieren. Beschreiben Sie auch, was Ihnen wirksam erschien und was Ihnen schwerfiel.

DIE WISSENSCHAFT HAT UNS AUFGEZEIGT, WIE SICH EIN ZUGRUNDE LIEGENDES ENERGIEFELD ZU ATOMEN FORMT, DIE SICH DANN ZU MOLEKÜLEN VERBINDEN UND SICH SCHLIESSLICH ALS PHYSIKALISCHES UNIVERSUM IN SEINER GESAMTHEIT MANIFESTIEREN. DASSELBE GILT FÜR UNSER INNERES.

WIR NEIGEN DAZU, uns von kleinen, bedeutungslosen Dingen, die tagtäglich passieren, aus der Ruhe bringen zu lassen. Zum Beispiel, wenn jemand an der Ampel hinter uns hupt. Wenn so etwas geschieht, kann man spüren, wie die Energie sich verändert. Doch sobald Sie eine Veränderung wahrnehmen, entspannen Sie Ihre Schultern und den Herzbereich. Sobald die Energie in Bewegung gerät, entspannen Sie einfach und lassen los. Versuchen Sie auf spielerische Art, loszulassen und das Gefühl der Verärgerung weiterziehen zu lassen.

Wenn Sie heute bemerken, dass Sie etwas stört oder ärgert, üben Sie, sich inmitten dieser Verärgerung zu entspannen. Sind Sie – Ihr Bewusstsein – in der Lage, sich zu entspannen, selbst wenn die negativen Gedanken und die Verärgerung weiter anhalten? Es wird sich anfühlen, als ob die Verärgerung Ihnen voranschreitet, und Sie lassen sich einfach zurückfallen.

Was ist es für ein Gefühl, sich hinter der Störung zurückfallen zu lassen?

Schreiben Sie über diese Erfahrung, die Störung wahrzunehmen, sich zu entspannen, loszulassen und die Störung hindurchziehen zu lassen.

ES GIBT EINEN ORT tief in Ihrem Inneren, wo das Bewusstsein die Energie und die Energie das Bewusstsein berührt. Dort müssen Sie tätig werden. Von diesem Ort aus lässt man los. Haben Sie erst einmal losgelassen, werden Sie dort Jahr für Jahr jeden Augenblick Ihres Lebens sein. Nichts wird Ihnen den Sitz Ihres Bewusstseins streitig machen können. Sie werden lernen dortzubleiben. Nachdem Sie viele Jahre in diesen Prozess investiert und gelernt haben, wie man loslässt, egal, wie tief der Schmerz ist, werden Sie einen großartigen Zustand erreichen. Sie werden mit der gravierendsten aller Angewohnheiten brechen: dem ständigen Sog des niederen Selbst. Dann können Sie ungehindert das Wesen und den Quell Ihres wahren Seins erforschen – das reine Bewusstsein.

Die Passagen in diesem Abschnitt des Tagebuchs haben Wege erforscht, sich des Ortes in Ihnen noch mehr gewahr zu werden, an dem Bewusstsein und Energie sich treffen. Wie erkennen Sie nun in Ihnen die Anziehungskraft des niederen Selbst, nachdem Sie diesen Abschnitt durchgearbeitet haben? Reflektieren Sie über die Gedanken, Gefühle, Körperempfindungen und andere Hinweise, die Sie bemerkt haben, wenn Störungen oder Blockaden auftreten.

Schreiben Sie auf, was Sie über das Loslassen von Störungen gelernt haben.

Veränderungen können sowohl
als aufregend als auch als
beängstigend empfunden
werden, doch ganz gleichgültig,
wie wir sie wahrnehmen, müssen
wir uns der Tatsache stellen,
dass Veränderung die Natur des
Lebens ist.

TEIL 3

SICH SELBST BEFREIEN

DIE ERFORSCHUNG DES SELBST ist untrennbar verknüpft mit der Entfaltung des eigenen Lebens. Die natürlichen Höhen und Tiefen im Leben können sowohl persönliches Wachstum bewirken als auch persönliche Ängste erzeugen. Was von den beiden überwiegt, hängt ausschließlich von unserer Einstellung gegenüber Veränderungen ab. Veränderungen können ebenso gut als aufregend wie auch als beängstigend wahrgenommen werden; doch ganz gleich, wie wir sie erfahren, müssen wir uns dennoch der Tatsache stellen, dass die Natur des Lebens in Veränderung besteht. Wer viel Angst hat, wird auch Veränderungen nicht mögen. Er wird versuchen, um sich herum eine Welt zu erschaffen, die vorhersehbar, kontrollierbar und überschaubar ist - kurz: eine Welt, die seine Ängste nicht provoziert. Die Angst spürt sich selbst nicht gern; tatsächlich hat sie Angst vor sich selbst. Also bedient man sich des Verstandes, um das Leben so zu manipulieren, dass man keine Angst verspüren muss.

Schreiben Sie über eine Veränderung, die in Ihrem Leben stattfindet – egal ob groß oder klein – und bei Ihnen Widerstand oder Bedenken hervorruft. Was denken Sie über diese Veränderung? Versuchen Sie zu verhindern, dass sie stattfindet, oder versuchen Sie, sich selbst davon zu überzeugen, dass alles gut gehen wird? Was würde passieren, wenn Sie sich erlauben würden, das Unbehagen zu spüren, das mit der Veränderung einhergeht, bevor Sie entscheiden, wie Sie damit umgehen?

DIE MENSCHEN VERSTEHEN NICHT, dass die Angst ein Objekt ist. Sie ist eines von vielen Objekten im Universum, die zu erleben wir fähig sind. Was die Angst betrifft, so kann man mit ihr in zweierlei Hinsicht verfahren: Man kann sie sich eingestehen und daran arbeiten, sie loszulassen, oder man kann sie beibehalten und versuchen, sich vor ihr zu verstecken.

Wir alle haben Ängste in uns, denen wir bewusst aus dem Weg gehen. Achten Sie auf eine aktuelle Angst, die Ihnen zu schaffen macht. Oder erinnern Sie sich an eine gewohnheitsmäßige, langjährige Angst, die Sie weiterhin stört. Schreiben Sie auf, was Sie gewöhnlich tun, um diese Ängste nicht zu spüren. Welche Techniken haben Sie angewendet, um die Angst auszublenden, und wie gut funktionieren diese Strategien wirklich? Geht die Angst für immer weg oder nur vorübergehend?

Beschreiben Sie nun, wie es ist, sich einer Angst zu stellen und sie zu verarbeiten, anstatt ihr aus dem Weg zu gehen. Welche Techniken haben Sie angewandt, um diese Angst loszulassen? Wie gut haben sie funktioniert?

WENN SIE SPIRITUELL WACHSEN, werden Sie erkennen, dass Ihre Bemühungen, sich von Ihren Problemen abzuschirmen, nur weitere Probleme erzeugen. Wenn Sie versuchen, Menschen, Orte und Dinge so zu organisieren, dass Sie davon nicht beeinträchtigt werden, wird bald der Eindruck entstehen, das Leben sei gegen Sie. Sie werden das Gefühl haben, das Leben sei ein einziger Kampf und jeder Tag mühsam, weil Sie mit allem ringen müssen und es kontrollieren wollen. So entstehen Konkurrenzkampf, Eifersucht und Angst. Sie werden das Gefühl haben, jede Person könne jederzeit zum Störfaktor werden.

Achten Sie heute auf den inneren Dialog in Ihrem Kopf, der einsetzt, wenn Sie sicherstellen wollen, dass etwas Bestimmtes passiert oder nicht passiert.
Schreiben Sie auf, was Ihnen an diesen ängstlichen Gedanken aufgefallen ist.

Als Nächstes schreiben Sie auf, welche Gedanken Ihnen kamen, um diese ängstlichen Gedanken abzustellen.

Achten Sie darauf, wie das Vermeiden eines Problems Sie in eine Endlosschleife von Gedanken und Plänen geraten lässt, um sich nicht mit der Störung auseinandersetzen zu müssen. In jedem Fall versucht Ihr Verstand weiterhin, die Störung zu benennen und zu kontrollieren, ob es sich dabei um die Angst selbst handelt oder um die Angst, die aus dem Widerstand gegen die Angst erwächst. Wie wäre es, in einem solchen Moment die Kontrolle loszulassen und einfach zuzusehen, wie sich die Störung innerlich abspielt? Versuchen Sie es und schreiben Sie auf, was Sie entdecken.

WENN SIE SICH INNERHALB DES SELBST BEFINDEN, WERDEN SIE IHRE INNERE WESENSSTÄRKE ERFAHREN, AUCH WENN IHR HERZ SICH SCHWACH FÜHLT. DAS IST DIE ESSENZ DES PFADES. DIE ESSENZ DES SPIRITUELLEN LEBENS. WENN SIE ERST EINMAL SPÜREN, DASS ES IN ORDNUNG IST, INNERE STÖRUNGEN ZU EMPFINDEN, UND DASS DIESE IHREN BEWUSSTSEINSSITZ NICHT MEHR BEEINTRÄCHTIGEN KÖNNEN, DANN SIND SIE FREI.

DIE ALTERNATIVE BESTEHT DARIN, dass man die Entscheidung fällt, nicht gegen das Leben anzukämpfen. Man begreift und akzeptiert, dass man das Leben nicht unter Kontrolle hat. Das Leben verändert sich fortwährend, und wer es zu kontrollieren versucht, wird nie in der Lage sein, voll und ganz zu leben. Anstatt das Leben zu leben, werden Sie Angst vor dem Leben haben.

Versuchen Sie heute, nicht gegen das Leben anzukämpfen. Achten Sie auf ein Ereignis, das Angst in Ihnen auslöst. Es wird Ihnen vorkommen, als läge dieses Ereignis jenseits Ihrer Kontrolle und Sie werden das Verlangen haben, dies zu ändern. Achten Sie darauf, was sich dabei in Ihrem Inneren abspielt. Setzt das Geplapper in Ihrem Kopf ein? Spüren Sie den Sog und das Tosen der blockierten Energie in Ihrem Körper?

Sagen Sie sich nun, dass es in Ordnung ist, Angst zu empfinden, und dass Sie nichts dagegen unternehmen müssen. Was verändert sich dadurch?

Schreiben Sie auf, wie es für Sie war, als die Angst ausgelöst wurde, und wie es war, als Sie die Angst einfach existieren ließen und mit Ihrem Leben weitergemacht haben.

WAS IN UNS BLOCKIERT UND VERGRABEN LIEGT, bildet den Ursprung der Angst. Angst wird verursacht von Blockaden im Energiefluss. Wenn unsere Energie blockiert ist, kann sie nicht empordringen und unser Herz nähren. Infolgedessen wird unser Herz schwach, wird es empfänglich für niedere Schwingungen, und eine der niedrigsten Schwingungen ist die Angst.

Nennen Sie eine Angst, oder ein von Angst ausgelöstes Gefühl (beispielsweise Zorn, Neid oder Eifersucht), die Sie gelegentlich empfinden.

Schreiben Sie über ein Erlebnis, das Ihnen in der Vergangenheit Unbehagen bereitet hat und eine Blockade verursachte, die sich nun als Angst manifestiert.

DAS ZIEL DER SPIRITUELLEN ENTWICKLUNG liegt darin, die Blockaden zu entfernen, die Angst in uns verursachen. Die Alternative dazu wäre es, seine Blockaden zu schützen, damit man keine Angst zu empfinden braucht. Dazu jedoch müssen wir versuchen, im Außen alles zu kontrollieren, um unseren inneren Angelegenheiten aus dem Weg zu gehen. Es ist schwer nachzuvollziehen, wie wir es für intelligenter halten konnten, unseren inneren Angelegenheiten aus dem Weg zu gehen; doch genau das tun wir alle. Jeder sagt: »Ich werde alles tun, was in meiner Macht steht, um zu bleiben, wie ich bin. Wenn du etwas sagst, das ich als störend empfinde, werde ich mich verteidigen. Ich werde dich anschreien und von dir verlangen, dass du es zurücknimmst. Solltest du es wagen, in mir irgendeine Störung hervorzurufen, wird es dir leidtun.« Mit anderen Worten: Sobald jemand etwas tut, das unsere Angst wachruft, glauben wir, der andere habe etwas Falsches getan. Dann unternehmen wir alles, was in unserer Macht steht, um zu gewährleisten, dass der andere es nie wieder tut. Erst verteidigen wir uns, und dann schützen wir uns. Wir tun, was wir können, um nur ja jedes Gefühl von Unbehagen von uns fernzuhalten.

Nennen Sie ein Reizthema, das komplizierte Gefühle bei Ihnen auslöst. Beschreiben Sie, was Sie als »Beleidigung« empfinden: Ihre Gedanken in Bezug darauf, wer wann was und wie getan hat.

Beschreiben Sie als Nächstes das Thema aus einer anderen Perspektive. Fragen Sie sich: »Warum stört mich das?« Ist da eine Blockade aus Angst, Scham oder vielleicht eine lange zurückliegende Traurigkeit, die getriggert wird? Nehmen Sie das Selbst wahr, das die schwierigen Emotionen beobachten kann.

Nun begeben Sie sich auf Ihren Platz als Zuschauer und beobachten Sie den Schmerz und das Bedürfnis, etwas dagegen zu tun. Können Sie dem Bedürfnis, sich zu schützen, widerstehen und dann die Blockade loslassen?

IRGENDWANN IST MAN KLUG GENUG zu erkennen, dass man diesen Krempel nicht in sich haben will. Es spielt keine Rolle, wer der Auslöser ist. Es spielt keine Rolle, durch welche Situation Bewegung in die Sache kommt. Es spielt keine Rolle, ob es sinnvoll ist, ob es fair erscheint oder nicht. Leider sind die meisten von uns nicht so klug. Wir bemühen uns nicht wirklich, uns von unserem Krempel zu befreien; eher versuchen wir zu rechtfertigen, dass wir an ihm festhalten.

Macht es Sie glücklich, an dem Drama, das durch all den angestauten Krempel verursacht wird, festzuhalten? Wie würde es aussehen, wenn Sie sich nicht mit diesem Kram herumschlagen müssten. Inwiefern würden Sie sich anders fühlen? Was könnten Sie anders machen? Schreiben Sie Ihre Gedanken dazu auf.

WENN SIE WAHRHAFT SPIRITUELL wachsen wollen, müssen Sie erkennen, dass Sie in einer Falle sitzen, solange Sie an Ihrem Krempel festhalten. Irgendwann wollen Sie raus, koste es, was es wolle. Dann werden Sie merken, dass das Leben eigentlich versucht, Ihnen zu helfen. Das Leben versorgt Sie mit Menschen und Situationen, die Ihr Wachstum fördern. Sie brauchen nicht zu entscheiden, wer recht hat und wer nicht. Sie müssen sich über die Angelegenheiten anderer Leute keine Gedanken machen. Sie müssen lediglich bereit sein, Ihr Herz gegenüber allem und jedem offen zu halten und zuzulassen, dass der Reinigungsprozess stattfindet.

Womit sind Sie gerade jetzt konfrontiert, das Ihnen Schwierigkeiten bereitet? Was lehrt es Sie über die Dinge, die in Ihnen ausgelöst werden? Wo ist die Gelegenheit für Wachstum – sprich: wo schenkt Ihnen das Leben die Möglichkeit, Ihre persönlichen Blockaden zu beobachten und zu überwinden?

DER KREMPEL, der Sie regelmäßig niederdrückt, erhebt sein Haupt. Wenn er das tut, lassen Sie los. Sie erlauben dem Schmerz einfach, in Ihr Herz vorzudringen und hindurchzufließen. Wenn Sie das tun, wird der Schmerz vergehen. Wenn Sie aufrichtig nach der Wahrheit suchen, werden Sie Mal für Mal loslassen. Dies ist der Anfang und das Ende des gesamten Pfades – Sie geben sich dem Prozess der Selbstentleerung hin. Wenn Sie damit arbeiten, werden Sie die subtileren Gesetze des Loslassens kennenlernen.

Jedes Mal, wenn Sie loslassen, bleibt weniger Krempel in Ihrem Inneren zurück. Er wird sich nicht mit einem Mal verflüchtigen, aber wenn Sie weiter trainieren, werden sich die Blockaden mit der Zeit lösen. Üben Sie heute, Ihren Krempel in dem Moment loszulassen, wo er hochkommt: Beobachten Sie den Schmerz, lassen Sie ihn zu und lassen Sie ihn dann vorbeiziehen. Wählen Sie zum Loslassen einen Ansatz, der für Sie funktioniert – vielleicht üben Sie im Moment der Störung entweder Akzeptanz oder Mitgefühl.

Schreiben Sie am Ende des Tages auf, was Sie erlebt haben. Welche Energieblockade haben Sie gelöst?

Wie haben Sie es geschafft loszulassen? Waren Sie in dem Moment in der Lage, diese Erfahrung als eine Gelegenheit zum Wachstum zu erkennen?

ZUNÄCHST MACHEN SIE SICH einmal bewusst, dass in Ihnen etwas steckt, das freigelassen werden will. Dann machen Sie sich bewusst, dass Sie – also die Person, die wahrnimmt, wie der aufgestaute Krempel empordrängt – nicht identisch sind mit dem, was Sie erleben. Sie nehmen es wahr, aber wer sind Sie? Der Ort der zentrierten Wahrnehmung ist der Sitz des inneren Zeugen, unseres Selbst.

Wenn Ihr Herz getroffen wird, nehmen Sie die seelische Störung wahr, erlauben Sie sich, sich bewusst zu machen, dass Sie sich verletzt fühlen, und fragen Sie sich dann: »Wer nimmt dies wahr?« Beantworten Sie die Frage nicht, fühlen Sie einfach die Antwort in Ihrem Inneren.

Wie ist es, die Person zu sein, die Störungen lediglich wahrnimmt – anstatt davon betroffen zu sein?

WENN SIE NICHT LOSLASSEN, werden Sie feststellen, dass die Energie, die in Ihrem Herzen erweckt wurde, wie ein Magnet funktioniert. Es ist eine gewaltige Anziehungskraft, die Ihr Bewusstsein mit hineinziehen wird. Als Nächstes werden Sie feststellen, dass Sie nicht mehr da sind. Sie werden die Perspektive der Wahrnehmung nicht beibehalten, die Sie einnahmen, als Sie die Störung erstmals bemerkten. Sie werden den Sitz der objektiven Wahrnehmung verlassen, von dem aus Sie zuschauten, wie Ihr Herz reagierte; und Sie werden sich auf die wechselnden Energien einlassen, die Ihnen von Ihrem Herzen aus zuströmen. Wenig später werden Sie zurückkehren und feststellen, dass Sie eben weg waren. Sie werden zurückkehren und feststellen, dass Sie sich völlig in Ihrem Krempel verloren hatten. Dann werden Sie hoffen, nicht irgendetwas gesagt oder getan zu haben, das Sie zu bereuen hätten.

Erinnern Sie sich an das letzte Mal, als Sie eine Störung oder ein Unbehagen empfunden haben. Wie lange waren Sie versunken in Ihren Krempel? Wann fiel es Ihnen zum ersten Mal auf, dass Sie sich abgekapselt hatten? Bereitete es Ihnen Mühe, wieder zu sich zu kommen und sich zu zentrieren? Rückblickend betrachtet, wäre es besser gewesen loszulassen, als die Störung erstmals aufgetaucht ist?

DAS BEWUSSTSEIN WIRD stets von dem Objekt angezogen, das uns am meisten stört: der Zeh, den wir uns gestoßen haben, laute Geräusche oder das schmerzende Herz. Das Gesetz gilt innen wie außen. Das Gewahrsein geht an den Ort, der am meisten ablenkt und stört. Das meinen wir, wenn wir sagen: »Es war so laut, dass es meine Aufmerksamkeit erregte.« Es zog unsere Aufmerksamkeit auf sich. Wenn eine Blockade angestoßen wird und in Bewegung gerät, stellt sich die gleiche Anziehungskraft ein, und das Gewahrsein wird zur Quelle des Unbehagens gelenkt.

Beim nächsten Mal, wenn Ihre Aufmerksamkeit auf eine innere Störung gelenkt wird, beobachten Sie die Quelle des Unbehagens genauer. Welche Arten von Gedanken werden ausgelöst? Was passiert mit Ihrer Energie? Nun nehmen Sie wieder Ihren Aussichtspunkt ein und beobachten Sie, was außerhalb von Ihnen vor sich geht statt in Ihrem Inneren. Gibt es in der Außenwelt etwas, auf das Sie sich fokussieren können, damit Sie nicht so fixiert sind auf diese gestörte Energie in Ihrem Inneren?

Von Ihrem Beobachtungsposten aus, dem höheren Sitz der Wahrnehmung, haben Sie die Wahl, auf welche Objekte Sie sich fokussieren – auf äußere oder innere. Experimentieren Sie damit, wenn Sie beim nächsten Mal eine innere Störung bemerken.

IST SIE ERST MAL AKTIVIERT, muss die Blockade Ihren Verlauf nehmen. Lässt man sie nicht los, wird man hineingezogen. Man ist nicht mehr frei; man ist gefangen. Sobald man von seinem Sitz der relativen Klarheit herunterfällt, ist man der gestörten Energie ausgeliefert. Das ist die Anatomie des Fallens. Wenn Sie sich in diesem Zustand der Störung befinden, wird bei Ihnen die Tendenz bestehen, so handeln zu wollen, dass die Dinge in Ordnung gebracht werden.

Wann haben Sie sich das letzte Mal völlig in einer Störung verrannt? Welche Sachen haben Sie getan oder gesagt?

Wie fühlten Sie sich hinterher, nachdem Sie mit Freunden, Familienmitgliedern oder Kollegen geredet hatten? Wünschten Sie sich, beim nächsten Mal anders zu handeln – in dem Wissen, dass, wenn Sie nicht loslassen, die Störung unweigerlich ihren Lauf fortsetzt?

FALLEN SIE NICHT. LASSEN SIE LOS. Egal, worum es sich handelt – lassen Sie los. Je größer die Sache ist, um die es geht, umso größer die Belohnung, die Sie fürs Loslassen erhalten – und umso schlimmer der Sturz, falls Sie es nicht tun. Es ist eine eindeutige Angelegenheit: Entweder man lässt los, oder man tut es nicht. Dazwischen gibt es nichts. Benutzen Sie also all Ihre Blockaden und Störungen als Treibstoff für die Reise. Das, was Sie unten hält, kann zu einer mächtigen Kraft werden, die Sie emporhebt. Sie müssen nur bereit sein, den Aufstieg zu wagen.

Sobald das Zentrum Ihres Bewusstseins von negativer Energie angezogen wird, nehmen Sie diesen Vorgang aufmerksam zur Kenntnis. Negative Gedanken oder eine Fokussierung auf Dinge, die Sie als unangenehm empfinden, sind Hinweise darauf, dass Ihr Bewusstseinszentrum sich verschiebt. Hatten Sie den Gedanken, Ihren Job zu kündigen oder beim Telefonat mit Ihrem Partner einfach aufzulegen oder die Tür zuzuknallen? All dies sind Hinweise darauf loszulassen.

Schreiben Sie auf, wie Ihnen die magnetische Anziehungskraft von Störungen aufgefallen ist und ob Sie in der Lage waren, genau zu beobachten, wie es vonstattenging.

Waren Sie in der Lage loszulassen? Ist es schnell passiert oder langsam, teilweise oder vollständig?

LETZTEN ENDES müssen sie sich entscheiden, wenn etwas Störendes in Ihnen steckt: Sie können versuchen, dem auszuweichen, um es nicht zu fühlen; oder Sie können den Stachel einfach herausziehen, um nicht Ihr Leben um ihn herum zu gestalten.

Zweifeln Sie nicht an Ihrer Fähigkeit, die zugrunde liegende Ursache der Störung in Ihrem Inneren beseitigen zu können. Sie lässt sich wirklich beheben. Sie können tief in sich hineinblicken, in Ihren Wesenskern, und beschließen, dass Sie nicht wollen, dass der schwächste Teil Ihrer selbst Ihr Leben bestimmt. Sie wollen frei davon sein. Sie wollen mit Menschen sprechen, weil Sie sie interessant finden, nicht weil Sie einsam sind. Sie wollen Beziehungen zu Menschen haben, weil Sie diese wirklich mögen, nicht weil Sie es nötig haben, von ihnen gemocht zu werden. Sie wollen lieben, weil Sie wahrhaftig lieben, nicht weil Sie es nötig haben, Ihren Problemen aus dem Weg zu gehen.

Verbringen Sie ein paar Minuten damit, den Stachel in Ihrem Inneren, der Ihnen Ungemach bereitet, zu akzeptieren und zu betrachten. Achten Sie auf die Gedanken, die Sie in Bezug auf diesen Stachel haben (»Wie konnte ich so etwas nur sagen? Unfassbar. Ich war so dämlich. Nach all der Zeit ist es mir immer noch peinlich, diesen Leuten über den Weg zu laufen.«).

Achten Sie darauf, wie Ihr Körper auf diese Gedanken reagiert. Spüren Sie eine Anspannung? Fühlen Sie in Ihrem Herzen eine gewisse Niedergeschlagenheit? Atmen Sie fünfmal tief ein und aus, während Sie diese Gedanken und Empfindungen wahrnehmen. Diese innere Störung ist nicht, was Sie sind, und sie muss nicht Ihr Leben bestimmen.

Denken Sie nach und schreiben Sie. Fragen Sie sich: Wer sieht das? Wer betrachtet die Emotionen? Sehen Sie das Potenzial, sich zu befreien, indem Sie sich nicht länger mit dem Stachel identifizieren?

DIE GRUNDVORAUSSETZUNG FÜR WAHRE FREIHEIT IST DER ENTSCHLUSS, NICHT MEHR LEIDEN ZU WOLLEN. MAN MUSS DEN ENTSCHLUSS FASSEN, SEIN LEBEN GENIESSEN ZU WOLLEN UND DASS ES KEINEN GRUND GIBT FÜR STRESS, INNEREN SCHMERZ ODER ANGST.

WENN SIE WOLLEN, können Sie den Störungen einfach gestatten aufzutreten und sie anschließend loslassen. Da Ihre inneren Stachel nichts weiter sind als blockierte Energien aus der Vergangenheit, können sie abgestoßen werden. Das Problem ist, dass Sie entweder sämtliche Situationen vermeiden, die zu einer Loslösung führen würden, oder aber, um sich selbst zu schützen, die Stachel wieder in sich hineinstoßen.

Experimentieren Sie heute damit, Störungen an die Oberfläche kommen zu lassen. Welches sind Ihre ersten Reaktionen bei diesem Aufstieg? Versuchen Sie irgendwie davor wegzurennen? Erlauben Sie sich stattdessen, das Geschehen zu beobachten und der Störung Platz einzuräumen.

Schreiben Sie auf, was passiert, wenn Sie der Störung freien Lauf lassen. Was empfinden Sie bei diesem Erlebnis?

EIN GEFÜHL DER LEERE ist ein Objekt; es ist etwas, das Sie empfinden. Aber wer empfindet es? Die Lösung für Sie besteht darin zu bemerken, wer etwas bemerkt.

Was können Sie gegen dieses Gefühl der Leere tun, außer etwas zu essen, jemanden anzurufen oder etwas zu unternehmen, das Ihre Nerven beruhigt? Was Sie tun können, ist zu bemerken, dass Sie etwas bemerkt haben. Wenn Sie den inneren Störungen erlauben aufzusteigen, welcher innere Schmerz kommt dann hoch? Vielleicht ist es Einsamkeit, Scham oder Besorgnis.

Fragen Sie sich: »Wer bemerkt diesen Schmerz?«. Fühlen Sie in sich hinein und beschreiben Sie, wie es ist, festzustellen, dass Sie das sind. Konnten Sie sich entspannt zu dem Teil begeben, von dem der Schmerz herrührt? Wer losgelöst betrachten kann, ist völlig frei von Schmerz.

DERJENIGE, DER BEMERKT, ist bereits frei. Wenn Sie frei von diesen Energien sein wollen, müssen Sie ihnen gestatten, durch Sie hindurchzufließen, anstatt sie in sich zu verstecken.

Seit Ihrer Kindheit sind in Ihnen Energien am Werk. Wachen Sie auf und machen Sie sich bewusst, dass Sie da drin sind und eine empfindsame Person bei sich haben. Beobachten Sie, wie jener empfindsame Teil Ihrer selbst eine Störung wahrnimmt. Wie er Eifersucht empfindet, Bedürfnisse und Angst. Diese Gefühle sind einfach Teil der Natur des Menschen. Wenn Sie genau achtgeben, werden Sie bemerken, dass die Gefühle nicht mit Ihnen identisch sind; sie sind nur etwas, das Sie empfinden und erleben. Sie sind das im Inneren wohnende Wesen, das all dies wahrnimmt. Wenn Sie in Ihrem Zentrum verbleiben, können Sie lernen, selbst schwierige Erfahrungen wertzuschätzen und zu respektieren.

Lassen Sie diesen empfindsamen Teil Ihrer selbst und seine Gefühle emporsteigen. Arbeiten Sie daran, ihn sanft loszulassen, mit dem Verständnis, dass diese Person mit all ihren Empfindlichkeiten nur etwas ist, dessen Sie sich gewahr sind. Wenn Sie sich von dem tieferen Selbst gelöst haben, werden alle seine Energien aufgenommen in Ihr wahres Wesen.

Bringen Sie diesen Befindlichkeiten Respekt und Liebe entgegen – lassen Sie sie dann los. Wie fühlt es sich an, sie einfach hindurchfließen zu lassen und sich nicht länger mit ihnen zu identifizieren?

SIE KÖNNEN DIESE sehr menschlichen Zustände erfahren, ohne sich in ihnen zu verlieren oder sich ihnen zu widersetzen. Sie können bemerken, dass Sie bemerken und einfach beobachten, welche Wirkung die Erfahrung der Einsamkeit hat. Ändert sich Ihre Körperhaltung? Atmen Sie langsamer oder schneller? Was geschieht, wenn der Einsamkeit der Raum gewährt wird, um durch Sie hindurchzufließen? Seien Sie ein Forscher. Erleben Sie es aus der Sicht eines Zeugen, dann wird es vorbeigehen. Wenn Sie sich nicht davon vereinnahmen lassen, wird das Erlebnis bald vorbeigehen, und etwas anderes wird sich ereignen. Genießen Sie das Ganze einfach. Wenn Sie das schaffen, werden Sie frei sein, und eine Welt aus purer Energie wird sich vor Ihnen auftun.

Beobachten Sie heute die Stacheln in Ihrem Inneren (Samskaras) im Moment, wenn sie getroffen werden. Schaffen Sie es, Ihre Reaktionen einfach nur mit Offenheit und Mitgefühl zu erleben? Beschreiben Sie, wie es ist, den Stachel zuzulassen und zu akzeptieren.

JE TIEFER SIE SICH im Selbst befinden, umso mehr werden Sie eine Energie verspüren, die Sie zuvor nie erfahren haben. Sie entsteht hinter Ihnen, nicht vor Ihnen, wo Sie Ihren Verstand und Ihre Emotionen erleben. Wenn Ihr Melodrama Sie nicht länger vereinnahmt und Sie sich stattdessen tief und bequem im Sitz der Wahrnehmung befinden, werden Sie beginnen, diesen Energiefluss zu spüren, der tief aus Ihrem Inneren kommt. Dieser Fluss wird Shakti genannt. Dieser Fluss wird Geist genannt. Diesen Fluss werden Sie erleben, wenn Sie sich mit Ihrem Selbst abgeben anstatt mit Ihren inneren Störungen. Sie müssen die Einsamkeit nicht loswerden; Sie müssen nur aufhören, sich auf sie einzulassen. Sie ist nur etwas von vielem, das im Universum existiert, so wie Autos, Gras und die Sterne. Sie gehört nicht zu Ihren Angelegenheiten. Lassen Sie die Dinge einfach los. So macht es das Selbst.

Erinnern Sie sich an eine Zeit, in der Sie einen Ansturm von hoher Energie in sich spürten. Vielleicht geschah es bei der Geburt Ihres ersten Kindes, oder als Sie die Aufmerksamkeit von jemandem bekamen, den Sie bewundern. Unter welchen Umständen steigt die hohe Energie in Ihnen auf? Wie unterscheidet sich Ihre Erfahrung dieses Energieflusses davon, wie Sie Ihren Verstand und Ihre Gefühle erleben? Welche Worte würden Sie verwenden, um diese Energie zu beschreiben?

WENN SIE SICH INNERHALB DES SELBST befinden, werden Sie Ihre innere Wesensstärke erfahren, auch wenn Ihr Herz sich schwach fühlt. Das ist die Essenz des Pfades. Das ist die Essenz des spirituellen Lebens. Wenn Sie erst lernen, dass es in Ordnung ist, innere Störungen zu verspüren, und dass diese Ihren Bewusstseinssitz nicht mehr beeinträchtigen können, dann sind Sie frei. Von da an wird der innere Energiefluss, der hinter Ihnen entspringt, Sie stützen und stärken. Wenn Sie die Ekstase des inneren Fließens gekostet haben, können Sie durch diese Welt gehen, ohne dass die Welt Sie jemals berührt. So werden Sie zum freien Wesen – so transzendieren Sie.

Denken Sie darüber nach, wie Sie Tag für Tag durch das Leben gehen können und dabei zulassen, dass Störungen auftauchen und vorüberziehen. Was ist es für ein Gefühl zu wissen, dass Sie einfach loslassen dürfen?

Schreiben Sie darüber, wie es ist, Ihren Frieden gemacht zu haben mit dem Erleben von Störungen. Erkennen Sie das Potenzial, das damit einhergeht, in einem tieferen Energiefluss zu leben, der unabhängig ist von den seichten Gewässern persönlicher Störungen?

TAG FÜR TAG TRAGEN WIR EINE LAST mit uns herum, die wir eigentlich gar nicht tragen müssten. Wir haben Angst, nicht gut genug zu sein oder zu versagen. Wir erleben Unsicherheit, Ängstlichkeit und Befangenheit. Wir haben Angst, andere Menschen könnten sich gegen uns richten, uns ausnutzen oder uns nicht mehr lieben. All diese Dinge lasten gewaltig auf uns. Da wir versuchen, offene und liebevolle Beziehungen zu pflegen, und da wir versuchen, erfolgreich zu sein und uns zur Geltung zu bringen, entsteht eine innere Last, die wir tragen. Diese Last ist die Angst davor, Leid, Schmerz und Kummer erfahren zu müssen. Jeden Tag ist es so, dass wir diese Last entweder spüren oder dass wir uns davor schützen, sie spüren zu müssen. Ihr Einfluss ist so umfassend, dass wir nicht einmal merken, wie sehr sie alles beherrscht.

Können Sie erkennen, wie beherrschend die unterschwellige Angst vor Zurückweisung und Versagen in Ihnen ist? Beschreiben Sie einige Methoden, die Sie anwenden, um diese Erfahrung zu vermeiden.

Fassen Sie nun in Worte, wie es wäre, diese unterschwelligen Ängste durch Liebe, Enthusiasmus und Inspiration als Motivation für all Ihre Handlungen zu ersetzen.

SIE SORGEN SICH STÄNDIG um Ihr seelisches Wohlbefinden. Die Menschen denken fortwährend Dinge wie: »Was ist, wenn ich in Verlegenheit gebracht werde? Was soll ich sagen? Ich werde immer so nervös, wenn ich unvorbereitet bin.« Das ist Leiden. Dieser unablässige innere Dialog ist eine Form von Leiden: »Kann ich ihm wirklich vertrauen? Was, wenn ich mich lächerlich mache und man mich nur ausnutzt? Ich will so etwas nie wieder erleben.« Das ist der Schmerz, der darin besteht, andauernd über sich selbst nachdenken zu müssen.

Ist Ihnen aufgefallen, wie viele persönliche Gedanken permanent in Ihrem Kopf herumschwirren? Das nächste Mal, wenn Ihnen all diese persönlichen und angsterfüllten Gedanken auffallen, halten Sie einen Moment inne. Fragen Sie sich, ob Sie diese Person sein wollen oder ob Sie frei sein wollen.

Schreiben Sie auf, was passiert, wenn Sie einen Schritt zurück machen, um nicht in Ihr persönliches Melodrama verwickelt zu werden. Erkennen Sie, dass Sie getrennt von diesen Gedanken existieren und diese Gedanken nicht Sie sind?

WENN SIE EIN TIER MISSHANDELN, bekommt es Angst. Genau das ist mit Ihrer Psyche geschehen. Sie haben sie misshandelt, indem Sie ihr eine Aufgabe übertragen haben, die unfassbar ist. Halten Sie einen Moment inne und vergegenwärtigen Sie sich, was Sie Ihrem Verstand aufgetragen haben. Sie haben ihm gesagt: »Ich will, dass jeder mich mag. Ich will, dass niemand schlecht über mich spricht. Ich will, dass alles, was ich sage und tue, für jedermann akzeptabel und erfreulich ist. Ich will nicht, dass mich jemand verletzt. Und ich will, dass nichts geschieht, was mir nicht gefällt. Und ich will, dass alles geschieht, was mir gefällt.« Dann sagten Sie: »Und jetzt, lieber Verstand, finde heraus, wie all das Realität werden kann, auch wenn du Tag und Nacht darüber nachdenken musst.« Und natürlich antwortete Ihr Verstand: »Bin schon dabei. Ich werde unentwegt daran arbeiten.«

Beobachten Sie Ihren Verstand einen Tag lang dabei, wie er das erledigt. Erkennen Sie, dass er versucht, alles in Ordnung zu bringen. Schreiben Sie auf, was es ist, womit Ihr Verstand sich abmüht, wenn die Realität nicht Ihrem geistigen Modell dessen entspricht, was Sie wollen.

SIE HABEN IHREN VERSTAND vor eine unmögliche Aufgabe gestellt, indem Sie ihn darum baten, die Welt so zu manipulieren, dass Ihre persönlichen inneren Probleme gelöst werden. Falls Sie einen gesunden Daseinszustand annehmen wollen, hören Sie auf, so etwas von Ihrem Verstand zu verlangen. Entbinden Sie ihn einfach von der Aufgabe, dafür zu sorgen, dass jeder und alles so sein soll, wie Sie es wollen, damit Sie sich innerlich besser fühlen. Ihr Verstand ist für diesen Job nicht geeignet. Entlassen Sie ihn und machen Sie sich zugleich von Ihren inneren Problemen frei.

Bitten Sie Ihren Verstand, nicht mehr zu versuchen, dafür zu sorgen, dass alles und jeder genau so ist, wie es Ihrer Ansicht nach sein sollte. Vervollständigen Sie diesen Brief an Ihren Verstand: »Mein lieber Verstand, danke für Deine Versuche, mich zu beschützen. Ich bin jetzt so weit, dass ich Dich von der Aufgabe entbinden kann, …«

SIE KÖNNEN eine völlig andere Beziehung zu Ihrem Verstand haben. Jedes Mal, wenn er Ihnen sagen will, was Sie tun oder lassen sollen, damit die Welt Ihren vorgefertigten Ideen entspricht, hören Sie gar nicht erst hin. Es ist, als würden Sie versuchen, mit dem Rauchen aufzuhören. Ungeachtet dessen, was Ihr Verstand sagt, greifen Sie nicht mehr nach einer Zigarette, um sie sich in den Mund zu stecken. Egal ob es nach dem Essen ist. Egal, ob Sie unruhig werden und das Bedürfnis verspüren. Egal, aus welchem Grund – Ihre Hand greift einfach nicht mehr danach. Ebenso gehen Sie auch nicht mehr darauf ein, wenn der Verstand Ihnen sagen will, was Sie zu tun haben, damit in Ihrem Inneren alles gut wird. Die Wahrheit lautet: Alles wird gut sein, sobald für Sie alles okay ist. Und wirklich nur dann wird alles in Ordnung sein.

Alles, was Sie tun müssen, ist: nicht mehr von Ihrem Verstand zu erwarten, dass er repariert, was in Ihnen defekt ist. Das ist der Kern und die Wurzel von allem.

Beobachten Sie die Gedanken, die versuchen, etwas zu kontrollieren, zu schützen oder zu vermeiden. Wenn sie auftauchen, sagen Sie: »Danke, Verstand, für diesen Gedanken, aber mir geht es gut« – und ignorieren Sie seine Anweisungen. Beobachten Sie einfach, wie der Gedanke abklingt und sich zum nächsten Gedanken entwickelt.

Schreiben Sie auf, was passiert, wenn Sie Ihre Beziehung zu diesen Gedanken ändern. Ändern sich Ihre Handlungen oder Ihr Verhalten, wenn Sie den Gedanken erlauben, durch Sie hindurchzuziehen?

DER VERSTAND ARBEITET und funktioniert, weil Sie ihn mit der Energie Ihrer Aufmerksamkeit versorgen. Entziehen Sie ihm Ihre Aufmerksamkeit, und der denkende Verstand schaltet ab.

Fangen Sie mit kleinen Dingen an. Zum Beispiel wenn jemand etwas zu Ihnen sagt, das Ihnen nicht gefällt, oder noch schlimmer, wenn jemand Ihnen nicht die geringste Beachtung schenkt. Sie gehen eine Straße entlang, und Sie sehen einen Freund. Sie sagen: »Hallo«, aber der Freund geht einfach weiter. Sie wissen nicht, ob er Sie lediglich nicht gehört oder ob er Sie tatsächlich ignoriert hat. Sie sind sich nicht sicher, ob er sauer auf Sie ist oder was da los ist. Und schon läuft Ihr Verstand auf Hochtouren. Dies ist ein guter Zeitpunkt für einen Realitätscheck! Es gibt Milliarden von Menschen auf diesem Planeten, und nur einer hat nicht »Hallo« zu Ihnen gesagt. Wollen Sie wirklich behaupten, dass Sie damit nicht klarkommen? Ist das vernünftig?

Greifen Sie auf solch kleine Alltagsdinge zurück, um sich zu befreien. In obigem Beispiel beschließen Sie einfach, sich nicht auf die Psyche einzulassen. Ist das gleichbedeutend damit, dass Sie Ihren Verstand in Zukunft davon abhalten werden, sich im Kreis zu drehen, nur um herauszufinden, was los ist? Nein, es bedeutet lediglich, dass Sie dazu bereit, gewillt und fähig sind, Ihren denkenden Verstand dabei zu beobachten, wie er sein kleines Melodrama inszeniert. Hören Sie sich das ganze Gejammer darüber an, wie verletzt Sie sind und wie jemand Ihnen das nur antun konnte. Beobachten Sie den Verstand dabei, wie er herauszufinden versucht, was man dagegen tun könnte. Staunen Sie einfach darüber, dass sich all dies in Ihrem Inneren abspielt, nur weil jemand nicht »Hallo« zu Ihnen gesagt hat. Es ist in der Tat unfassbar. Hören Sie dem Verstand einfach beim Reden zu, bleiben Sie weiter entspannt und lassen Sie los. Bleiben Sie hinter dem Gejammer zurück.

Beobachten und beschreiben Sie eines der Melodramen, die Ihr Verstand heute erschaffen hat. Überlegen Sie: Was wäre, wenn Sie es sich ausgedacht hätten – was wäre, wenn die Beweggründe anderer Menschen für Sie einfach nicht erkennbar sind? Wäre es nicht dumm, Ihre ganze Energie auf dieses Melodrama zu verschwenden? Wie viel ruhiger wäre Ihr Geist, wenn Sie das nicht tun würden?

BEGINNEN SIE IHRE REISE IN DIE FREIHEIT, indem Sie sich regelmäßig daran erinnern, die Psyche zu beobachten. Das wird Sie davor bewahren, sich in ihr zu verlieren. Da die Abhängigkeit vom persönlichen Verstand zu den schwereren Formen von Abhängigkeiten gehört, müssen Sie sich eine Methode ausdenken, mit der Sie sich stets daran erinnern, die Beobachterposition einzunehmen. Es gibt ein paar sehr einfache Wahrnehmungstechniken, die nur wenige Sekunden in Anspruch nehmen und Ihnen trotzdem dabei helfen, zentriert hinter dem Verstand zurückzubleiben. Jedes Mal, wenn Sie in Ihr Auto steigen und es sich auf dem Sitz bequem machen, halten Sie inne. Nehmen Sie sich einen Augenblick Zeit, um sich daran zu erinnern, dass Sie sich auf einem Planeten befinden, der sich mitten im leeren Raum dreht. Dann ermahnen Sie sich, sich nicht auf Ihr eigenes Melodrama einzulassen. Anders gesagt: Lassen Sie los, was gerade vorgeht, und erinnern Sie sich daran, dass Sie das Spiel des Verstands nicht mitspielen werden. Später, bevor Sie wieder aus dem Auto steigen, machen Sie dasselbe.

Versuchen Sie diese Übung zur Zentrierung jedes Mal, wenn Sie in Ihr Auto ein- oder aussteigen. Was ist Ihnen aufgefallen? Waren Sie in der Lage, sich zu zentrieren und sich selbst als Teil des größeren Universums zu visualisieren? Wenn ja, was war das für ein Gefühl?

LETZTLICH WIRD JEDE VERÄNDERUNG in Ihrem Energiefluss – ob es sich um geistige Unruhe oder Aufwallungen des Herzens handelt – Sie daran erinnern, dass Sie sich dahinter befinden und wahrnehmen. Nun wird aus dem, was Sie früher festhielt, etwas, das Sie aufweckt. Zunächst jedoch müssen Sie so ruhig werden, dass es in Ihnen nicht so reaktiv zugeht. Mithilfe dieser Triggerpunkte werden Sie sich stets daran erinnern, zentriert zu bleiben. Irgendwann wird es so ruhig sein, dass Sie einfach beobachten können, wie das Herz zu reagieren beginnt, und Sie in der Lage sind loszulassen, bevor der Verstand sich einschaltet. Ab einem gewissen Punkt Ihrer Reise wird alles nur noch Herz sein und nichts mehr Verstand. Sie werden feststellen, dass der Verstand dem Herzen folgt. Das Herz reagiert, lange bevor der Verstand zu reden beginnt. Wenn Sie bewusst sind, werden die Energieumwälzungen in Ihrem Herzen Sie dazu bewegen, sich sofort zu vergegenwärtigen, dass Sie da drinnen stecken und wahrnehmen. Der Verstand hat gar keine Chance mehr loszulegen, weil Sie auf der Ebene des Herzens loslassen.

Achten Sie heute auf die Veränderungen in Ihrem Herzen und Ihrem Verstand. Das sind Ihre Signale zum Loslassen. Versuchen Sie, sich tief zu entspannen und sich zu zentrieren, wenn die Verschiebungen auftreten. Schreiben Sie auf, was Sie erleben, wenn Sie versuchen, sich zu entspannen und zu zentrieren.

Achten Sie heute auf die Veränderungen in Ihrem Herzen und Ihrem Verstand. Das sind Ihre Signale zum Loslassen. Versuchen Sie, sich tief zu entspannen und sich zu zentrieren, wenn die Verschiebungen auftreten. Schreiben Sie auf, was Sie erleben, wenn Sie versuchen, sich zu entspannen und zu zentrieren.

EINE DER WESENTLICHSTEN
VORAUSSETZUNGEN
FÜR WAHRES SPIRITUELLES
WACHSTUM UND TIEF-
GREIFENDE PERSÖNLICHE
WANDLUNG BESTEHT
DARIN, FRIEDEN ZU
SCHLIESSEN MIT
DEM SCHMERZ.

SOBALD WIR UNSEREN STÖRUNGEN ins Auge blicken können, werden wir merken, dass tief im Zentrum unseres Herzens eine Schicht aus Schmerz steckt. Dieser Schmerz ist so unangenehm, so aufreibend und so zerstörerisch für das individuelle Selbst, dass wir ein Leben lang versuchen, ihm aus dem Weg zu gehen. Unsere gesamte Persönlichkeit gründet auf einer bestimmten Art von Verhalten, von Denken, Handeln und Glauben, die sich herausgebildet hat, um diesem Schmerz auszuweichen.

Welche Strategien nutzen Sie, um den Kern Ihres Herzens zu schützen und Schmerz zu vermeiden? Menschen nicht hereinlassen? Immer versuchen, recht zu haben? Übermäßiges Essen? Ständig müssen Sie sich beweisen?

Was, glauben Sie, würde passieren, wenn Sie diese Strategien nicht anwenden würden?

PHYSISCHER SCHMERZ ENTSTEHT NUR, wenn in physiologischer Hinsicht etwas nicht stimmt. Der innere Schmerz ist ständig da, unterschwellig, verborgen unter den Schichten unserer Gedanken und Emotionen. Wir spüren ihn am stärksten, wenn unser Herz in Aufruhr gerät, wenn die Welt nicht unseren Erwartungen entspricht. Es ist ein innerer Schmerz im Kern der Psyche.

Die Psyche gründet auf der Vermeidung dieses Schmerzes, folglich ist die Furcht vor dem Schmerz ihr Fundament.

Wenn Sie etwas tun, um Schmerzen zu vermeiden, dann beherrscht der Schmerz Ihr Leben. Alle Ihre Gedanken und Gefühle werden von Ihren Ängsten beeinflusst. Machen Sie sich die Ängste bewusst, die Ihr Leben beherrschen könnten. Schreiben Sie auf, wie Sie vermeiden, diesen Schmerz im Kern der Psyche zu fühlen. Benennen Sie einige der Dinge, die Sie in Ihrem täglichen Leben tun, die aus der Angst vor psychologischen Schmerzen herrühren.

SIE MÜSSEN LERNEN, innere Schmerzen und Störungen nicht zu fürchten. Solange Sie den Schmerz fürchten, werden Sie versuchen, sich vor ihm zu schützen. Ihre Angst wird Sie dazu drängen. Wenn Sie frei sein wollen, so betrachten Sie den inneren Schmerz als eine vorübergehende Schwankung Ihres inneren Energieflusses. Es gibt keinen Grund, sich vor dieser Erfahrung zu fürchten. Sie dürfen keine Angst vor Zurückweisung haben oder davor, wie Sie sich fühlen, wenn Sie krank werden, wenn jemand stirbt oder etwas anderes schiefgeht. Sie können nicht Ihr ganzes Leben Dingen aus dem Weg gehen, die gar nicht unmittelbar stattfinden, sonst wird alles negativ werden.

Wie lassen Sie sich von einem erfundenen Szenario in Ihrem Kopf hemmen? Was ist die eingebildete Angst oder der eingebildete Schmerz, vor dem Sie sich schützen? Sobald Sie es identifiziert haben, üben Sie diese einfache Affirmation: »Damit kann ich umgehen.« Angst und Schmerz sind nur etwas, dessen Sie sich bewusst sind.

Beschreiben Sie Ihre Empfindungen, wenn Sie sich versichern, dass Sie mit Schmerz und Furcht umgehen können.

SIE MÜSSEN IN SICH HINEINBLICKEN und beschließen, dass Schmerz fortan kein Problem mehr ist. Er ist nur eine Sache von vielen im Universum. Jemand mag etwas zu Ihnen sagen, worauf Ihr Herz reagiert und in Aufruhr gerät, doch das geht vorbei. Es ist nur eine vorübergehende Erfahrung. Die meisten Menschen können sich kaum vorstellen, wie es ist, mit einer inneren Störung Frieden zu schließen. Wenn man aber nicht lernt, sich damit zu arrangieren, besteht das Leben nur noch aus Vermeidung. Wenn Sie Unsicherheit verspüren, ist das nur ein Gefühl. Mit einem Gefühl kann man fertigwerden. Wenn Ihnen etwas peinlich ist, handelt es sich nur um ein Gefühl. Es ist nichts weiter als ein Teil der Schöpfung. Wenn Sie Eifersucht empfinden und Ihnen das Herz brennt, betrachten Sie es einfach als das, was es objektiv ist, so wie Sie eine leichte Prellung betrachten würden: eine harmlose Verletzung Es ist eines von vielen Dingen im Universum, das gerade Ihr System passiert. Lachen Sie darüber, haben Sie Spaß daran, aber haben Sie keine Angst davor. Solange Sie es nicht berühren, wird es auch Sie nicht berühren.

Trainieren Sie, mit dem Gefühl der Störung einverstanden zu sein. Wenn heute etwas passiert, das bei Ihnen Unsicherheit oder Verlegenheit hervorruft, nehmen Sie einfach wahr, was in Ihnen vorgeht.

Sind Sie in der Lage, die Erfahrung von Unbehagen wahrzunehmen, ohne herausfinden zu müssen, woher es kommt, wer dafür verantwortlich ist oder wie man es kontrollieren kann?

Schreiben Sie auf,
wie Sie Unbehagen lediglich
als eine Empfindung
wahrnehmen – etwas, das
einfach so in Ihrem Leben
passiert.

WENN SIE SCHMERZ EMPFINDEN, betrachten Sie ihn schlicht als Energie. Fangen Sie einfach an, diese inneren Erfahrungen als Energie zu sehen, die durch Ihr Herz hindurchfließt und vor das Auge Ihres Bewusstseins tritt. Dann entspannen Sie sich. Tun Sie das Gegenteil von Zusammenziehen und Verschließen. Entspannen Sie sich und lassen Sie los. Entspannen Sie Ihr Herz, bis Sie tatsächlich von Angesicht zu Angesicht mit genau der Stelle sind, an der es schmerzt. Bleiben Sie offen und empfänglich, damit Sie genau dort präsent sein können, wo die Spannung ist. Sie müssen bereit sein, genau an dem Ort der Verspannung und des Schmerzes präsent zu sein, und dann entspannen Sie sich und gehen noch tiefer.

Schreiben Sie über einen Moment, in dem Sie sich tief entspannen und den Schmerz hindurchfließen lassen konnten. Was geschah, als Sie den Schmerz hineinließen, anstatt sich dagegen zu wehren? Wie hat es sich angefühlt, als Sie es zuließen, dass er durch Sie hindurchfloss?

Schreiben Sie nun über einen Moment, in dem Sie dem Schmerz widerstanden und nicht losgelassen haben. Wie hat sich das ausgewirkt? Denken Sie immer noch an die Situation? Führen ähnliche Situationen dazu, dass der Schmerz wieder auftritt?

WÄHREND SIE SICH ENTSPANNEN und den Widerstand spüren, wird sich das Herz verschließen, sich schützen und sich zurückziehen wollen. Entspannen Sie sich tiefer. Entspannen Sie Ihre Schultern und entspannen Sie Ihr Herz. Lassen Sie los und bahnen Sie dem Schmerz einen Weg, damit er durch Sie hindurchfließen kann. Er ist nichts als Energie. Betrachten Sie ihn einfach als Energie und lassen Sie ihn los.

Wenn die in Ihrem Herzen gespeicherten Blockaden getroffen werden, nehmen Sie wahr, wie Ihr Herz reagiert. Spüren Sie den Zug des Widerstandes und lassen Sie ihn trotzdem los? Wie ist es, wenn Sie Ihre Schmerzen und Blockaden als reine Energie erleben, die direkt durch Sie hindurchfließen kann?

Einschränkungen und Grenzen existieren nur dort, wo man aufhört, über sich selbst hinauszugehen. Wenn man nie damit aufhört, begibt man sich jenseits von Grenzen, jenseits von Beschränkungen, jenseits des Gefühls eines eingeschränkten Selbst.

TEIL 4

GRENZEN ÜBER-SCHREITEN

JE FESTER SIE SICH im Zeugenstand des Bewusstseins eingerichtet haben, umso klarer wird Ihnen, dass es – da Sie ja völlig unabhängig sind von dem, was Sie beobachten – eine Möglichkeit geben muss, sich dem magischen Zugriff zu entziehen, den die Psyche auf Ihre Wahrnehmung hat. Es muss einen Ausweg geben.

Gelingt es Ihnen an diesem Punkt der Reise häufiger, in den Sitz des Bewusstseins zurückzugehen? Oder ertappen Sie sich dabei, wie Sie zurück in Ihren Verstand und Ihr Herz gezogen werden? Wenden Sie irgendwelche Techniken an, die Ihnen helfen, die Distanz zu Ihrer inneren Störung zu wahren?

Schreiben Sie auf, was Sie tun und welchen Effekt es auf Ihr inneres Befinden hat.

WAS GESCHIEHT, wenn das Bewusstsein sein Augenmerk von den persönlichen Gedanken, den persönlichen Emotionen und der gefilterten Reizzufuhr abzieht? Lösen wir uns dann aus dem Joch des persönlichen Selbst und erlangen die Freiheit, die Welt darüber hinaus zu erforschen?

Sie können das persönliche Selbst einfach nur als Zeuge beobachten, ohne sich einzumischen – Sie können im Sitz des Bewusstseins bleiben. Was wäre es für ein Gefühl, wenn Sie es sich im Sitz des Gewahrseins einrichten könnten? Empfinden Sie im Zeugenstand des Bewusstseins eine stärkere Verbindung zu etwas, das größer und umfassender ist als das, was Sie beobachten?

IHR HAUS BESTEHT aus Ihren Gedanken und Emotionen. Die Wände bestehen aus Ihrer Psyche. Das ist das Material, aus dem dieses Haus beschaffen ist … Sie haben in Ihrem Verstand ein charakteristisches Sammelsurium an Gedanken und Emotionen angehäuft, dann haben Sie dieses Material zu der Vorstellungswelt verwoben, in der Sie leben. Dieses mentale Gebäude schottet Sie von allem natürlichen Licht außerhalb seiner Wände ab. Ihre Gedankenwände sind so dick und undurchdringlich, dass es innerhalb des Gebäudes kein Licht geben kann. Sie achten derart angespannt auf Ihre Gedanken und Emotionen, dass Sie die von ihnen festgelegten Grenzen nie überschreiten.

Schreiben Sie auf, wie es sein könnte, von jedem »Ich«-Gefühl befreit zu sein und über sich hinauszugehen.

ECHTE FREIHEIT IST GANZ NAH; sie befindet sich einfach nur auf der anderen Seite Ihrer Wände. Erleuchtung ist etwas ganz Besonderes. In Wahrheit jedoch sollte man sich nicht darauf fokussieren. Richten Sie stattdessen Ihre Aufmerksamkeit auf die Wände, die Sie selbst geschaffen haben und die nun das Licht abhalten. Welchen Zweck hat es, Wände hochzuziehen, die das Licht abhalten, und dann nach Erleuchtung zu streben? Sie können hinausgelangen, indem Sie einfach dem täglichen Leben gestatten, die Mauern niederzureißen, die Sie umgeben. Tragen Sie einfach nicht mehr dazu bei, Ihre Festung auszubauen, die Wände instand zu halten und sie zu verteidigen.

Beginnen Sie dort, wo Sie sind.
Mit dem Verständnis, dass Sie die Mauern Ihres persönlichen Selbst aufgebaut haben, üben Sie, im Jetzt zu sein, ohne sich zu verteidigen. Können Sie mit allem, was in Ihnen auftaucht, einverstanden sein und nicht versuchen, es zu reparieren? Versuchen Sie, das Leben hereinzulassen, indem Sie Geräusche, Farben und Menschen wahrnehmen. Nehmen Sie die Schönheit und das Hässliche in sich auf. Was ist es für ein Gefühl, loszulassen und einfach nur mit dem zu sein, was ist, sowohl innen als auch außen?

»JENSEITS« IST nach allen Richtungen hin unendlich. Wenn Sie einen Laserstrahl in eine bestimmte Richtung lenken, wird er bis in alle Unendlichkeit so weiterverlaufen. Er würde nur dann aufhören, unendlich zu sein, wenn man eine künstliche Grenze errichtete, die er nicht durchdringen könnte. Grenzen erwecken im unendlichen Raum den Anschein von Endlichkeit. Die Dinge erscheinen uns endlich, wo unsere Wahrnehmung auf geistige Grenzen stößt. In Wahrheit ist alles unendlich. Wir sind es, die sich auf etwas Unendliches beziehen und davon sprechen, dieses Unendliche sei einen Kilometer weit weg von hier.

Schauen Sie in diesem Augenblick auf das, was vor Ihnen liegt. Nun stellen Sie sich die unendliche Anzahl von Orten vor, die im Universum existieren. Stellen Sie sich vor, wie endlos weit sich alles ausdehnt. Ist aus dieser Perspektive das, was Sie vor sich sehen, anders oder wichtiger als jeder andere Ort im Universum? Schauen Sie nach vorne; jetzt schauen Sie nach rechts und nach links. Ist irgendeine Ansicht wirklich wichtiger als die anderen? Nur der Verstand trennt aus allem, was ist, eine Sache heraus und lässt sie wichtig oder besonders erscheinen. Können Sie die Wahrheit darin sehen?

Schreiben Sie darüber, wie der Verstand Ihre Erfahrung der Realität auf die Grenzen Ihrer persönlichen Wahrnehmung beschränkt.

WENN ETWAS GESCHIEHT, das Ihre Sicht der Dinge infrage stellt, kämpfen Sie. Sie wehren sich. Sie versuchen, es wegzudiskutieren. Sie sind enttäuscht und geraten in Wut über kleine, unscheinbare Dinge. Das kommt vor, weil Sie nicht fähig sind, tatsächliche Geschehnisse in Ihr Modell der Realität einzupassen. Wenn Sie über Ihr Modell hinausgelangen wollen, müssen Sie das Risiko eingehen, nicht an das Modell zu glauben. Wenn Ihr geistiges Modell Ihnen Ärger bereitet, dann deshalb, weil es die Realität nicht miteinbezieht. Sie haben die Wahl, sich entweder der Realität zu widersetzen oder die Grenzen Ihres Modells zu überschreiten.

Benennen Sie ein Ereignis oder eine Situation, die Ihnen derzeit zu schaffen macht. Schreiben Sie auf, inwiefern es *nicht* mit Ihrem geistigen Modell der Realität übereinstimmt.

Beschreiben Sie, wie Sie sich von Ihrem Modell verabschieden, indem Sie das Ereignis, das Ihnen zu schaffen macht, schlicht als Teil der Realität akzeptieren. Etwa wie Regen; er existiert einfach.

WENN SIE WIRKLICH BEGREIFEN WOLLEN, warum Sie manche Sachen tun, dann lassen Sie einfach davon ab und beobachten, was geschieht. Nehmen wir an, Sie sind Raucher. Wenn Sie beschließen, mit dem Rauchen aufzuhören, werden Sie rasch mit den Triebfedern konfrontiert, die Sie zum Rauchen bringen. Wenn Sie dem Druck dieser Triebfedern standhalten können, werden Sie erkennen, wodurch sie verursacht wurden. Genauso gibt es einen Grund, warum Sie zu viel essen. Es gibt einen Grund, warum Sie sich so anziehen, wie Sie es tun. Es gibt für alles, was Sie tun, einen Grund. Wenn Sie wissen möchten, weshalb Sie sich so viele Gedanken um Ihre Kleidung oder Ihre Frisur machen, dann tun Sie es einfach einen Tag lang nicht. Stehen Sie morgens auf und gehen Sie mit zerzaustem Haar irgendwohin, und achten Sie darauf, was mit den Energien in Ihnen passiert. Achten Sie darauf, was mit Ihnen geschieht, wenn Sie die Dinge, die zu Ihrem Wohlbefinden beitragen, nicht länger tun. Dann werden Sie erkennen, warum Sie diese Anstrengungen unternehmen.

Suchen Sie sich heute etwas aus, das Sie für gewöhnlich tun, um sich besser zu fühlen. Beschließen Sie dann, diesem Verlangen nicht nachzugeben und es auszusitzen. Was kommt in Ihnen hoch? Achten Sie darauf, welche Empfindungen das in Ihnen auslöst, und schreiben Sie auf, warum Sie diese Angewohnheit beibehalten.

Sie stehen jetzt Auge in Auge mit dem Ego – beachten Sie, wie stark es ist. Sind Sie stärker, wenn Sie es wirklich sein wollen?

WENN SIE WIRKLICH über sich selbst hinausgehen, befinden Sie sich stets an Ihrer Grenze. Sie befinden sich nie wieder in Ihrer Komfortzone. Spirituelle Wesen haben immer das Gefühl, ganz vorne an der Grenze zu sein, und sie werden fortwährend darüber hinausgeschubst. Schließlich werden Sie erkennen, dass es nicht wirklich wehtut, wenn Sie Ihre psychischen Grenzen überschreiten. Wenn Sie bereit sind, einfach dort zu stehen, wo Ihr Käfig endet, und dann weiterzugehen, werden Sie die Grenzen überschreiten. Bisher sind Sie jedes Mal zurückgewichen, wenn es unbehaglich wurde. Nun entspannen Sie sich und bewegen sich über diesen Punkt hinaus. Gehen Sie über die Stelle hinaus, an der Sie sich noch vor ein paar Sekunden befunden haben, indem Sie sich dem stellen, was jetzt geschieht.

Wo liegen Ihre Grenzen? Schreiben Sie über einen Bereich, der Ihnen Unbehagen bereitet. Schreiben Sie nun darüber, wie Sie in diesem einen Bereich, von dem Sie wissen, dass er Sie einschränkt, weitergehen können. Können Sie mit dem Unbehagen umgehen und sich dadurch entspannen?

LETZTEN ENDES kommt es darauf an zu verstehen, weshalb wir uns an unser Selbstbild klammern. Wenn wir mit dem Klammern aufhören, begreifen wir, woher die Neigung dazu kam. Wenn wir unsere Fassade abstreifen – und zwar ohne den Versuch, sie gegen eine neue zu ersetzen –, dann werden unsere Gedanken und Gefühle aus der Verankerung gerissen und beginnen, durch uns hindurchzufließen. Dies wird eine erschreckende Erfahrung sein. Wir werden tief in uns panische Angst verspüren und unfähig sein, uns zu orientieren. So fühlen Menschen sich, wenn etwas in der Außenwelt sehr Wichtiges sich nicht in ihr inneres Modell der Realität fügt. Dann funktioniert die Fassade nicht mehr und beginnt zu bröckeln. Wenn die Fassade uns nicht mehr länger schützen kann, geraten wir in große Angst und Panik. Trotzdem werden wir erkennen, dass, wenn wir bereit sind, uns dem Gefühl von Panik zu stellen, es einen Weg gibt, an ihr vorbeizukommen. Wir können uns in unserem Bewusstsein, das diese Gefühle wahrnimmt, tiefer nach innen wenden, und die Panik wird aufhören. Dann wird da ein großer Friede sein, und dieser Friede wird nicht vergleichbar sein mit irgendeiner uns bekannten Empfindung.

Das ist ein Aspekt, den nur wenige Menschen kennenlernen: dass es aufhören kann – der Aufruhr, die Angst, die Verwirrung, der ständige Wechsel von inneren Energien. Das alles kann vorbeigehen.

Stellen Sie sich vor, wie es wäre, Ihr Selbstkonzept einfach loszulassen. Sind Sie bereit, sich der Urangst zu stellen, die Sie veranlasst hat, Ihre Psyche aufzubauen? Was könnte auf der anderen Seite dieser Angst sein?

Stellen Sie sich den Frieden vor, den Sie empfinden könnten, wenn Sie nicht fortwährend Ihr falsches Selbstbild erschaffen und verteidigen würden. Schreiben Sie darüber.

SPIRITUALITÄT IST DER FESTE ENTSCHLUSS, ÜBER SICH HINAUSZUGEHEN, EGAL, WIE VIEL MÜHE ES KOSTET. ES IST EINE ENDLOSE REISE, DIE DARAUF GRÜNDET, IN JEDEM AUGENBLICK BIS ZUM ENDE DES LEBENS ÜBER SICH SELBST HINAUSZUGEHEN.

WENN MAN ZU EINEM WAHRHAFT spirituellen Menschen wird, unterscheidet man sich völlig von den anderen. Was alle wollen, das will man nicht. Wogegen alle Widerstand leisten, das akzeptiert man voll und ganz. Man wünscht sich, dass das Modell zu Bruch geht; und wenn etwas geschieht, das zu einer inneren Störung führt, so schätzt man diese Erfahrung. Warum sollte etwas, das jemand sagt oder tut, in Ihnen eine Störung hervorrufen? Sie befinden sich doch nur auf einem Planeten, der um das Zentrum eines absoluten Nirgendwo kreist. Sie sind hier für ein paar Jahre zu Besuch, und dann verabschieden Sie sich wieder. Wie können Sie sich da von allen möglichen Dingen nur so stressen lassen? Stellen Sie das einfach ab. Wenn etwas in Ihnen eine Störung verursachen kann, so heißt es, dass etwas mit Ihrem Modell kollidiert. Es bedeutet, dass es mit dem unechten Teil Ihrer selbst kollidiert, den Sie selber erschaffen haben, um Ihre eigene Definition der Wirklichkeit kontrollieren zu können. Falls dieses Modell aber der Realität entspricht, wieso hat es sich dann nicht in die Realität Ihres Erlebens eingefügt? Nichts von dem, was unser Verstand sich ausdenkt, wird jemals als Realität durchgehen.

Stellen Sie sich einen Tag lang vor, dass Sie, wenn Ihr Modell getroffen wird, lächeln, ja sogar laut lachen können, wenn es getroffen wird. Anstatt sich innerlich zu verkrampfen, spielen Sie damit, auf eine neue Weise zu reagieren. Wenn es getroffen wird, sagen Sie sich: »Ich liebe es, wenn das passiert!«

Schreiben Sie über das Gefühl, die Anspannung loszulassen und über das Unbehagen zu lachen, wenn Ihre Abwehrkräfte aktiviert werden.

SIE MÜSSEN LERNEN, sich mit psychischen Beeinträchtigungen abzufinden. Wenn Ihr Verstand hyperaktiv wird, beobachten Sie ihn einfach nur. Wenn Ihr Herz zu rasen beginnt, lassen Sie es durchmachen, was es durchmachen muss. Versuchen Sie, den Teil Ihrer selbst zu finden, der in der Lage ist, einfach zur Kenntnis zu nehmen, dass Ihr Verstand hyperaktiv ist und Ihr Herz rast. Dieser Teil in Ihnen ist der Ausweg. Man findet keinen Ausweg, indem man ein Modell von sich erschafft. Der einzige Weg zur inneren Freiheit vollzieht sich über das, was beobachtet: über das Selbst. Das Selbst nimmt einfach zur Kenntnis, wie Verstand und Emotionen sich entwirren und wie nichts darum bemüht ist, sie zusammenzuhalten.

Experimentieren Sie einen ganzen Tag lang damit, einverstanden zu sein mit allem, was in Ihrem Herzen und Ihrem Verstand geschieht. Sind Sie in der Lage, einfach nur die Energien in Ihnen zu beobachten, die Sie dazu bringen würden, sich auf bestimmte Weise zu verhalten? Sind Sie in der Lage, sich mit jedem unbehaglichen Gefühl, das an die Oberfläche kommt, wohlzufühlen?

Im Selbst ist Platz für jedwede Erfahrung – stellen Sie sich vor, dass Sie gegen nichts, was in Ihnen hochkommt, etwas unternehmen müssen. Alles Kämpfen ist vorbei, und Sie sind im Einklang mit sich und der Welt.

Beschreiben Sie, wie Sie diesen Zustand von großer Ruhe und Frieden empfinden.

Tiefes inneres Loslassen

ist an sich schon ein spiritueller

Pfad. Es ist ein Pfad des

Nicht-Widerstehens,

der Pfad der Akzeptanz,

der Pfad der Hingabe.

TEIL 5

DAS LEBEN LEBEN

DIE MENSCHEN NEIGEN DAZU, sich mit allen möglichen Entscheidungen zu belasten. Letztlich aber kann man all das verwerfen, um am Ende eine einzige grundlegende Entscheidung zu treffen: Will ich glücklich sein, oder will ich nicht glücklich sein? So einfach ist das. Sobald Sie diese Entscheidung getroffen haben, liegt Ihr Lebensweg frei vor Ihnen.

Schreiben Sie über etwas, von dem Sie glauben, dass es Sie unglücklich macht. Unterstreichen Sie alle Worte, die diese Sache oder dieses Ereignis kategorisieren, wie beispielsweise »schwierig« oder »anstrengend«.

Schreiben
Sie die Geschichte noch
einmal neu. Benutzen Sie
diesmal nur Worte, die das eigentliche
Geschehen wertfrei beschreiben.
Entspannen Sie sich und lassen Sie an den
»unbehaglichen« Stellen einfach los. Nehmen
Sie die Gedanken ruhig zur Kenntnis, während
Sie auf Ihrem inneren Beobachtungsposten
sitzen und Zeuge des inneren Dialogs
werden. Sehen Sie, dass Sie die
Möglichkeit haben, das Leben
einfach nur mit Offenheit
zu erfahren?

SIE MÜSSEN ES NUR WIRKLICH ernst meinen, wenn Sie sagen, dass Sie beschlossen haben, glücklich zu sein. Und Sie müssen dazu stehen, egal, was geschieht. Dies ist wahrhaftig ein spiritueller Pfad, und er ist unmittelbar und so gewiss, wie ein Pfad zum Erwachen es nur sein kann.

Treffen Sie die Entscheidung, dass Sie heute den ganzen Tag glücklich und offen bleiben werden. Achten Sie im Laufe des Tages darauf, was Ihr Verstand Ihnen eingeben möchte, wie die Dinge sein sollten. Achten Sie darauf, ob Sie sich gegen Erfahrungen wehren und anfangen, sich zu verschließen. Können Sie sich innerlich tief entspannen und unabhängig davon, wie die Dinge sind, ausgeglichen bleiben? Schreiben Sie auf, was Sie veranlasst hat, sich zu verschließen, und wie es Ihnen gelungen ist, sich wieder zu öffnen.

Der Weg des bedingungslosen Glücks ist eine tägliche Reise des Lernens, offen zu bleiben. Lassen Sie sich nicht entmutigen, wenn es Zeit braucht – schätzen Sie jeden Versuch, den Sie unternehmen, um an sich zu arbeiten.

SOBALD SIE BESCHLIESSEN, bedingungslos glücklich zu sein, wird unweigerlich etwas geschehen, das Sie herausfordert. Die Prüfung Ihrer Entschlossenheit ist genau das, was Sie im spirituellen Wachstum vorwärtsbringt. Tatsächlich ist es gerade die Bedingungslosigkeit Ihrer Zusage, die dies zum erhabenen Pfad macht. Es ist ganz einfach. Sie müssen nur entscheiden, ob Sie Ihr Gelübde brechen wollen oder nicht. Wenn alles glattläuft, ist es leicht, glücklich zu sein. Sobald jedoch Schwierigkeiten auftreten, ist es nicht mehr so einfach.

Probieren Sie es aus, zum Beispiel an etwas Einfachem, das Sie nicht kontrollieren können: das Wetter.

Achten Sie auf Ihre Reaktionen: Ist es zu heiß? Zu kalt? Experimentieren Sie damit, offenzubleiben, indem Sie Affirmationen oder positives Denken anwenden oder indem Sie sich einfach inmitten Ihrer Reaktionen entspannen. Gehen Sie zu Ihrem nörgelnden Verstand auf Distanz, indem Sie sich entspannt zurücklehnen in den Sitz des Selbst.

Schreiben Sie darüber, wie Sie sich entschlossen haben, bedingungslos glücklich zu sein, egal, ob das Wetter schön war oder nicht.

DAS REZEPT FÜR BLEIBENDES GLÜCK ist wirklich sehr einfach. Lernen Sie zunächst, Ihre inneren Energien zu verstehen. Wenn Sie in sich hineinblicken, werden Sie feststellen, dass Ihr Herz sich offen anfühlt, wenn Sie glücklich sind, und dass die Energie in Ihnen empordrängt. Wenn Sie nicht glücklich sind, fühlt sich Ihr Herz verschlossen an, und es steigt keine Energie hoch. Um also glücklich zu bleiben, verzichten Sie einfach darauf, Ihr Herz zu verschließen.

Der beste Ansatz ist zu üben, wenn Sie sich bereits offen fühlen. Sobald etwas passiert, das Sie dazu bringt, sich zu verschließen, entspannen Sie sich und entscheiden Sie, dass dies nichts ist, wofür Sie Ihr Glück eintauschen möchten. Üben Sie, Ihr Herz nicht zu verschließen, egal, was am heutigen Tag passiert.

Wie empfanden Sie Ihre innere Energie am Ende des heutigen Tages?

Machen Sie sich stressige Situationen zunutze, indem Sie sich sagen: »Wow, was für eine großartige Gelegenheit zu entspannen!«

Sie haben die Macht zu entscheiden, ob Sie glücklich bleiben wollen, egal, was passiert.

ZU STRESS KOMMT ES NUR, wenn man sich den Ereignissen des Lebens widersetzt. Wenn Sie das Leben weder von sich fernhalten noch es an sich heranziehen, dann erzeugen Sie keine Reibung. Sie sind einfach nur gegenwärtig. In diesem Zustand nehmen Sie die Ereignisse des Lebens zur Kenntnis und durchleben sie. Wenn Sie sich für diesen Weg entscheiden, werden Sie erkennen, dass es möglich ist, ein Leben im Zustand des Friedens zu führen.

Können Sie erkennen, dass es Dinge in Ihrem Leben gibt, die Sie wegzuschieben versuchen, und andere, die Sie zu sich heranzuziehen versuchen? Können Sie erkennen, dass dies die Grundlage für Stress und Ängste schafft? Ist es das wirklich wert, oder wäre es in manchen Situationen nicht besser, einfach nur den Fluss des Lebens zu akzeptieren?

Schreiben Sie Ihre Gedanken zu diesem Thema auf.

WIR SOLLTEN NICHT ERST den Tod als Ansporn brauchen, um auf höchstem Niveau zu leben. Wozu warten, bis uns alles weggenommen wird, ehe wir lernen, tief in unser Selbst vorzudringen, um unser höchstes Potenzial freizulegen? Ein weiser Mensch sagt sich: »Wenn all dies sich von einem Atemzug zum nächsten ändern kann, dann möchte ich auf höchstem Niveau leben, solange ich noch hier bin. Ich werde den Menschen, die ich liebe, nicht mehr so zusetzen. Und ich will das Leben aus den tiefsten Schichten meines Daseins heraus leben.«

Wenn Sie von jetzt an noch eine Woche zu leben hätten, wie würden Sie Ihre Zeit nutzen?

HABEN SIE KEINE ANGST VOR DEM TOD! Lassen Sie sich von ihm dazu ermuntern, das Leben auszukosten. Doch denken Sie daran, es ist nicht Ihr Leben. Sie sollten das Leben erleben, das Ihnen passiert, nicht das Leben, von dem Sie gern hätten, dass es passiert. Verschwenden Sie keine Sekunde Ihres Lebens an den Versuch, etwas anderes geschehen lassen zu wollen; kosten Sie die Momente aus, die Ihnen vergönnt sind.

Üben Sie heute Dankbarkeit für die Momente, die Ihnen auf dieser Erde vergönnt sind.

Schreiben Sie über Ihre Erfahrung, offen für das zu sein und zu schätzen, was Sie heute gefühlt und beobachtet haben.

ES GIBT EINEN UNSICHTBAREN FADEN, der sich durch alle Dinge zieht. Alle Dinge bewegen sich still durch das Gleichgewicht im Zentrum. Das ist das Tao … Es existiert in allen Dingen. Es ist das Auge des Sturms. Und es ist vollkommen im Frieden.

Denken Sie über Bereiche in Ihrem Leben nach, in denen Sie dazu neigen, in die Extreme zu verfallen, anstatt in der Mitte ein Gleichgewicht zu finden. Wo sind Sie aus dem Gleichgewicht, tun Sie entweder etwas zu viel oder nicht genug? Schreiben Sie über diese Bereiche Ihres Lebens, damit Sie beginnen können, Ihren Weg zurück zur Harmonie zu finden.

WIE FÜHLT ES SICH AN, wenn man sich mehr mit Geist identifiziert als mit Form? Im Normalfall ist man voller Ängste und Spannungen durchs Leben gegangen; nun geht man durchs Leben und empfindet Liebe. Man verspürt Liebe einfach so, ohne Grund. Sie ist das Bühnenbild. Ein Bühnenbild für Offenheit, Schönheit und Wertschätzung. Man muss sich nicht mehr dazu zwingen, so zu empfinden, denn der Geist fühlt sich einfach so an. Wenn jemand Sie fragen würde, wie Ihr Körper sich normalerweise fühlt, würden Sie vermutlich sagen, ein paar Dinge ließen immer irgendwie zu wünschen übrig. Und wie sieht es mit Ihrer Psyche aus? Wenn Sie ehrlich sind, sagen Sie wahrscheinlich, dass Ihre Psyche für gewöhnlich voller Leiden und Ängste steckt. Wie aber fühlt sich üblicherweise Ihr Geist? Die Wahrheit lautet: Der Geist fühlt sich immer wohl. Er fühlt sich immer bestens. Er ist stets offen und hell.

Wenn Sie meditieren oder sich in Ihrem Leben wirklich offen fühlen, hatten Sie da schon Momente, in denen Sie sich von Ihren körperlichen, emotionalen und mentalen Aspekten losgelöst fühlten?

Wie fühlt es sich an, wenn Sie das Persönliche loslassen und zu diesen höheren Orten in Ihrem Wesen aufsteigen?

BEFREIEN SIE SICH von der Vorstellung eines richtenden Gottes. Wir haben einen Gott der Liebe. In Wahrheit ist Gott die Liebe selbst. Und Liebe kann nicht anders als lieben. Ihr Gott ist Ekstase, und es gibt nichts, was Sie dagegen tun können.

Und wenn Gott Ekstase ist, dann frage ich mich, was er wohl sieht, wenn er Sie anblickt?

Wie wäre es, wenn Sie in der Lage wären, Liebe bedingungslos zu empfangen? Stellen Sie sich vor, dass Sie sich vollkommen akzeptiert und geliebt fühlen und nicht beurteilt werden. Schreiben Sie darüber, wie dies Ihr Leben verändern würde.

MICHAEL A. SINGER

ist der Autor der weltweit veröffentlichten *New York Times*-Bestseller *Die Seele will frei sein* und *Das Leben wagen*. Bereits in jungen Jahren erlebte er einen tiefen inneren Erweckungsmoment, während er an seiner Promotion in Wirtschaftswissenschaften arbeitete. Er zog sich in die Abgeschiedenheit der Wälder Floridas zurück, um sich auf Yoga und Meditation zu konzentrieren. 1975 gründete er das inzwischen weltweit bekannte Yoga- und Meditationszentrum *Temple of the Universe*, in dem Menschen jeder Glaubensrichtung zusammenkommen können, um inneren Frieden zu erfahren.

Singer hat in den USA eine marktführende Software entwickelt, die den Bereich des medizinischen Praxismanagements revolutionierte, und ist heute CEO eines milliardenschweren börsennotierten Unternehmens, dessen Errungenschaften in der Smithsonian Institution archiviert sind. Neben seiner mehr als vier Jahrzehnte währenden spirituellen Lehre hat Singer bedeutende Beiträge in den Bereichen Wirtschaft, Bildung, Gesundheitswesen und Umweltschutz geleistet.

Er hat bereits zwei Bücher über die Integration von östlicher und westlicher Philosophie verfasst: *The Search for Truth* und *Three Essays on Universal Law*.

Weitere Informationen finden Sie unter **untetheredsoul.com/**

ZUSÄTZLICHE ANLEITUNGEN UND WEITERFÜHRENDE SCHRIFTEN DES AUTORS

Gehen Sie über das Buch hinaus – setzen Sie Ihre Reise und Ihr spirituelles Wachstum mit weiteren Anleitungen und Kursen mit Audio-CDs von Michael A. Singer, erhältlich auf www.untetheredsoul.com, fort.

ÜBER DAS INSTITUT FÜR NOETISCHE WISSENSCHAFTEN (INSTITUTE OF NOETIC SCIENCES - IONS)

Noetic Books ist ein Ableger des Institute of Noetic Sciences, das 1973 vom Apollo 14 Astronauten Edgar Mitchell gegründet wurde. IONS ist eine als gemeinnützig anerkannte Forschungs-, Bildungs- und Mitgliederorganisation, die es sich zum Ziel gesetzt hat, die Erforschung des Bewusstseins und der menschlichen Wahrnehmung voranzutreiben, um mitzuhelfen eine individuelle wie kollektive Transformation zu fördern.

»Noetisch« kommt vom griechischen Wort »Nous«, das »intuitiver Geist« oder »inneres Wissen« bedeutet. Die noetischen Wissenschaften vertiefen die Forschungen der konventionellen Wissenschaft durch die Untersuchung jener Aspekte der Realität, die physikalische Phänomene einschließen, aber darüber hinausgehen – wie Geist, Bewusstsein und Seele. Zentrale Programmbereiche sind ganzheitliche Gesundheit und Heilung, die Erweiterung des menschlichen Potenzials und neue Weltanschauungen.

Die Arbeit des Instituts umfasst Folgendes:

- Förderung und Beteiligung an Forschungsvorhaben
- Die Publikation des vierteljährlich erscheinenden Magazins *Shift: At the Frontiers of Consciousness*
- Das monatliche Mitgliederprogramm Shift in Action und die dazugehörige Website www.shiftinaction.com
- Workshops, Seminare und Konferenzen
- Unterstützung eines weltweiten Netzwerks von Freiwilligengruppen

Kommende Titel von Noetic Books sind Living Deeply und die Living Deeply DVD, herausgegeben mit New Harbinger Publications.

Weitere Informationen über das Institut finden Sie auf: www.noetic.org
Institute of Noetic Sciences, 101 San Antonio Road Petaluma, CA 94952-9524